C·H·Beck
PAPERBACK

Stéphanie Hennette | Thomas Piketty
Guillaume Sacriste | Antoine Vauchez

FÜR EIN ANDERES EUROPA
VERTRAG ZUR DEMOKRATISIERUNG
DER EUROZONE

Aus dem Französischen übersetzt von
Michael Bischoff

C.H.Beck

Titel der französischen Originalausgabe:
«Pour un traité de démocratisation de L'Europe»
© Éditions du Seuil, 2017

Originalausgabe
© Verlag C.H.Beck, München 2017
Satz: Druckerei C.H.Beck, Nördlingen
Druck und Bindung: Pustet, Regensburg
Printed in Germany
ISBN 978 3 406 71496 2

www.chbeck.de

Inhalt

Für einen Vertrag zur Demokratisierung der Eurozone

In zehn Jahren Wirtschafts- und Finanzkrise hat sich in Europa ein neues Machtzentrum herausgebildet: die «Regierung der Eurozone». Die Bezeichnung kennzeichnet die Sache allerdings nur unzureichend, lässt sich doch nur schwer jene demokratisch verantwortliche «Institution» erkennen, die heute über die Wirtschaftspolitik in Europa bestimmt. Der bezeichnete Gegenstand ist in der Tat zugleich unscharf und veränderlich. Die seit ihrer Gründung informelle und undurchsichtige zentrale Institution dieser «Regierung», die Eurogruppe der Finanzminister der Eurozone[*], arbeitet außerhalb der Europäischen Verträge und ist daher nicht rechenschaftspflichtig gegenüber dem Europäischen Parlament und erst recht nicht gegenüber den nationalen Parlamenten. Aber schlimmer noch, die Institutionen – von der Europäischen Zentralbank (EZB)

[*] Das Sternchen verweist auf das Glossar am Ende des Bandes.

über Eurogruppe und Eurogipfel* bis hin zur Kommission, die das Grundgerüst dieser «Regierung» bilden – arbeiten in Zusammensetzungen, die je nach den Politikbereichen wechseln, ob nun von «Memoranden» der Troika die Rede ist, von «Korrekturmaßnahmen», die im Rahmen des Europäischen Semesters* von den Mitgliedsstaaten gefordert werden, von Mechanismen zur Lösung der Bankenkrise innerhalb der Bankenunion oder dergleichen.

Doch so unterschiedlich diese Politikfelder auch sein mögen, «regiert» wird darin sehr wohl, denn durch den immer engeren Zusammenschluss der nationalen und europäischen Wirtschafts- und Finanzbürokratien – Leitungsebenen des deutschen und des französischen Finanzministeriums, Direktorium der EZB, für Wirtschaft zuständige hohe Beamte der Europäischen Kommission – hat sich ein harter Kern herausgebildet. Nach dem gegenwärtigen Stand der Dinge wird die Eurozone von dort aus «regiert», wird dort die eigentliche politische Arbeit der Koordinierung, der Vermittlung und des Ausgleichs zwischen den verschiedenen ökonomischen Interessen der Beteiligten geleistet. Als François Hollande 2012 auf eine Reform des Stabilitäts- und Wachstumspakts* verzichtete, der einen Eckstein dieser Regierung der Eurozone bildet, trug er zur Festigung dieses neuen Machtblocks bei. Seither eignet sich dieser exekutive Pol Europas unablässig neue Kompetenzen an. Innerhalb eines Jahrzehnts erweiterte sich sein

Interventionsbereich beträchtlich und umfasst inzwischen die Politik der «Haushaltskonsolidierung» (Sparpolitik), die verbesserte Koordinierung der Wirtschaftspolitik der beteiligten Staaten (Sixpack + Twopack*), die Erstellung von Sanierungsplänen für Staaten mit Finanzproblemen (Memoranden + Troika), die Überwachung sämtlicher Privatbanken usw.

Die mächtige und zugleich ungreifbare «Regierung» der Eurozone hat sich tatsächlich im toten Winkel der politischen Kontrollmöglichkeiten entwickelt, gleichsam in einem Schwarzen Loch der Demokratie. Wer kontrolliert etwa die Abfassung der Memoranden, die als Gegenleistung für Finanzhilfen aus dem Europäischen Stabilitätsmechanismus* tiefgreifende Strukturreformen verlangen? Wer kontrolliert die exekutive Aktivität der Institutionen, aus denen die Troika besteht? Wer weiß, was in den beiden zentralen Ausschüssen der Eurogruppe, dem Wirtschaftspolitischen Ausschuss und dem Wirtschafts- und Finanzausschuss, verhandelt wird? Weder die nationalen Parlamente, die bestenfalls ihre eigenen Regierungen kontrollieren, noch das Europäische Parlament, das bei der Regierung der Eurozone sorgfältig außen vor gehalten wird. Aufgrund der Undurchsichtigkeit und Abschottung ihrer Arbeitsweise verdient diese «Regierung» der Eurozone sehr wohl die an ihr geübte Kritik, angefangen bei der von Jürgen Habermas vorgetragenen, der hier ganz unumwunden von einer «postdemokratischen Autokratie» spricht.

Dieser Mangel an Demokratie ist keineswegs nur eine theoretische Frage oder eine des Machtausgleichs zwischen den Institutionen. Er hat sehr reale Auswirkungen auf die in der Eurozone verfolgte Wirtschaftspolitik. Er führt zu einer Art Taubheit gegenüber warnenden und anderen abweichenden Stimmen – wie wir es heute noch im Blick auf den nahezu einstimmigen Chor der Ökonomen erleben, die auf die Unausweichlichkeit einer Neuverhandlung der griechischen Schulden verweisen. Außerdem begünstigt er eine beträchtliche Unempfindlichkeit gegenüber durchaus gravierenden Signalen aus nationalen Wahlen, die einen ständigen Anstieg eines rechtsextremen Populismus anzeigen. Letztlich führt diese Machtstruktur dazu, dass man die mit der Finanzstabilität und dem «Vertrauen der Märkte» zusammenhängenden Aspekte überschätzt und jene Themen unterschätzt, die für die Mehrzahl der Menschen von größerem Interesse sein dürften, zum Beispiel Arbeitsmarktpolitik, Wachstumspolitik, fiskalische Harmonisierung, sozialer Zusammenhalt, Solidarität usw.

Daher ist es dringend erforderlich, die demokratische Wachsamkeit zu erhöhen und die repräsentative Demokratie wieder ins Zentrum der europäischen Wirtschaftspolitik zu rücken. Es ist höchste Zeit, aus der Undurchsichtigkeit und politischen Verantwortungslosigkeit, in der diese neue europäische Macht sich entwickelt, herauszutreten und in ihrem Zentrum eine demokratisch gewählte Institution zu etablieren. Denn nur ein Parlament besitzt die nötige Legitimation, um diese «Regierung» der Eurozone an ihre Verantwortung zu erinnern. Manche werden sagen, dazu brauche man eigentlich nur das Europäische Parlament zu stärken, aber die Dinge sind nicht (mehr) so einfach. Denn die Steuerung der Eurozone unterscheidet sich deutlich von anderen Bereichen der europäischen Politik. Es geht nicht mehr nur darum, einen großen Markt zu organisieren, sondern darum, die Wirtschaftspolitik der beteiligten Länder zu koordinieren, die Steuersysteme zu harmonisieren und eine Konvergenz in der Haushaltspolitik herbeizuführen, kurz: tief in die Sozialpakte der Mitgliedsländer einzugreifen. Deshalb kommt man heute nur schwer umhin, die nationalen Parlamente ganz direkt zu beteiligen – sofern man nicht bereit ist, ihre zentralen verfassungsmäßigen Vorrechte immer stärker zu beschneiden und die Institutionen der nationalen Demokratie ins Leere laufen zu lassen. Da nur sie in direktem Bezug zum politischen Leben der Mitgliedsstaaten stehen, verfügen auch nur sie über die nötige Legitimation, um das mächtige intergouvernementale bürokratische Netzwerk zu demokratisieren, das in den letzten zehn Jahren entstanden ist.

Dieses Parlament muss außerdem in der Lage sein, sich dem Zugriff dieses Steuerungsapparats zu entziehen, dessen Macht bekanntlich nicht nur auf den im letzten Jahrzehnt angesammelten institutionellen Kompetenzen basiert, sondern auch und vielleicht sogar vor allem auf der Fähigkeit, dank seiner Fachkompetenz den Raum möglicher Politik zu definieren. Wenn das Parlament kein machtloses Gremium sein soll, das vor vollendete Tatsachen gestellt wird oder sich damit begnügt, andernorts gestellte Diagnosen und anderswo getroffene Entscheidungen abzusegnen, muss es in der Lage sein, sich voll und ganz an der Steuerung der Eurozone zu beteiligen. Das setzt voraus, dass es effektiv auf die politische Agenda Einfluss nehmen kann: indem es an der Erstellung der Tagesordnung für Eurogipfel und des Halbjahresprogramms für die Arbeit der Eurogruppe mitwirkt, aber auch indem es das Recht zur Gesetzesinitiative erhält, das dem Europäischen Parlament so schmerzlich fehlt, weshalb es seine Streitfelder nicht selbst aussuchen kann. Es setzt außerdem voraus, dass dieses Parlament an allen Schaltstellen der Steuerung der Eurozone vertreten ist, ob es sich nun um das Europäische Semester («länderspezifische Empfehlungen», «jährliche Prüfung des Wachstums»), um die Konditionen der Memoranden, die Besetzung der wichtigsten Ämter der Eurozone oder dergleichen handelt. Dazu bedarf es des Aufbaus einer unabhängigen und pluralistischen Fachkompetenz sowie eines Untersuchungsrechts hinsichtlich aller Institutionen, aus denen dieser Steuerungsapparat besteht.

Natürlich sind Institutionen kein Allheilmittel. Keine noch so gut durchdachte Reform der Institutionen hat jemals allein den Lauf der Dinge verändert. Um grundlegende politische Veränderungen herbeizuführen, reicht es nicht aus, ein neues Organ zu schaffen. Dazu wird man zweifellos nicht umhinkommen, das gesamte «europäische Projekt» auf den Prüfstand zu stellen. Aber auf diesem Wege, der sehr lang sein dürfte, steht die Schaffung eines Parlaments der Eurozone für einen weiterreichenden politischen und kulturellen Kampf um eine Demokratisierung des «europäischen Projekts» und eine Neuausrichtung der in seinem Namen verfolgten Politik. Wie der Vertrag zur Demokratisierung der Eurozone (DemV) zeigt, ist es möglich, auch ohne eine – sehr unwahrscheinliche – allgemeine Revision der Europäischen Verträge der 27 Mitgliedsstaaten hier schnell voranzukommen und eine demokratische Bresche in den exekutiven Block Europas zu schlagen. Es ist an der Zeit, dass die Gegenmacht der Volksparteien und sozialen Bewegungen sich dieser Aufgabe annimmt, um die Kanäle der europäischen Politik wieder zu öffnen und uns vor der gefährlichen Alternative zwischen einem ohnmächtigen nationalen Rückzug und dem Status quo der Brüsseler Wirtschaftspolitik zu bewahren.

Über die rechtliche Zulässigkeit eines Vertrags zur Demokratisierung der Steuerung der Eurozone

Können die Staaten, deren Währung der Euro ist, neben der Europäischen Union einen völkerrechtlichen Vertrag über demokratische Verfahren in der Verwaltung der Eurozone schließen, ohne dadurch Pflichten zu verletzen, die ihnen aus der Zugehörigkeit zur Europäischen Union erwachsen (wie die Beachtung der Europäischen Verträge, der auf die Union übertragenen Zuständigkeiten und des Grundsatzes loyaler Zusammenarbeit)?

Diese Frage lässt sich ohne jeden Zweifel positiv beantworten, und zwar aus drei Gründen:

1. Die Argumentation, mit der der Europäische Gerichtshof seine Entscheidung begründete, dass die Annahme des Vertrags über die Einrichtung des Europäischen Stabilitätsmechanismus (ESM) durch einen Mitgliedstaat der EU nicht im Widerspruch zu den Pflichten dieses Landes aus den Europäischen Verträgen steht, lässt sich auch auf die Frage der Zu-

lässigkeit eines Vertrags über die Demokratisierung der Eurozone übertragen.

2. Der Reformvorschlag, der die Parlamentarische Versammlung der Eurozone zu einer Institution der «Steuerung der Eurozone» machen soll, beeinträchtigt nicht die Arbeit der Institutionen der Europäischen Union, da sie ihnen keinerlei Zuständigkeiten wegnimmt. Da die im DemV festgelegten neuen Verfahren die Institutionen der Union voraussetzen, sind sie ein Beweis für den Respekt vor den Prinzipien, auf denen das Recht der Union basiert.

3. Schließlich gibt es keinen anderen rechtlichen Weg, zumal im Rahmen der Europäischen Verträge, auf dem dasselbe Ergebnis erzielt werden könnte.

Im Folgenden werden die drei Punkte genauer ausgeführt:

1. Im Fall *Pringle* gegen die Regierung Irlands war der Gerichtshof 2012 mit einer ganz ähnlichen Frage konfrontiert wie in unserem Fall: Kann ein völkerrechtlicher Vertrag (damals der Vertrag über den ESM) von den Staaten der Europäischen Union rechtsgültig abgeschlossen werden, ohne gegen die von diesen Staaten gegenüber der EU eingegangenen Verpflichtungen zu verstoßen? Das Gericht bejahte diese Frage und entwickelte dabei eine Argumentation, die wir hier auch

auf den DemV übertragen wollen (EuGH, Rs. C-370/12 [Pringle], 27. Nov. 2012).

In seinem Urteil zur Rechtssache *Pringle* erklärt das Gericht zunächst, dass der ESM-Vertrag nichts an der ausschließlichen Zuständigkeit der Union in Fragen der Währungspolitik ändert. Tatsächlich habe nach Artikel 3.1c des AEUV die Union eine ausschließliche Zuständigkeit im Bereich der Währungspolitik für die Mitgliedsstaaten, deren Währung der Euro ist. Aber wie der Gerichtshof ausdrücklich erklärt (§§ 53 und 54 des Urteils), enthält der AEUV keine Definition der Währungspolitik, sondern nimmt im Wesentlichen Bezug auf die Ziele dieser Politik – und das vorrangige Ziel dieser Politik sei nach den Artikeln 127.1 und 282.2 des AEUV «die Gewährleistung der Preisstabilität».

In diesem Sinne bestätigt der Gerichtshof die Institution im Grundsatz, und zwar auf dem Umweg über einen zwischen den Mitgliedsstaaten der Eurozone geschlossenen Vertrag, den Europäischen Stabilitätsmechanismus (ESM), indem er erklärt, auch wenn die Einrichtung solch eines Mechanismus mittelbare Auswirkungen auf die Stabilität des Euro haben könne, handele es sich dennoch nicht um «Währungspolitik» im Sinne des Artikels 3.1c des AEUV. Der Gerichtshof fügt hinzu, da die Zuständigkeit der Union in Fragen der Wirtschaftspolitik sich hauptsächlich auf eine Koordinierung der Wirtschaftspolitiken der Mitgliedsstaaten beziehe, werde diese Zuständigkeit durch die Einrichtung eines Stabilitätsmechanismus gleichfalls nicht angetastet. Dieser Sicht entspricht auch, dass im März 2012 ein zweiter Vertrag unterzeichnet wurde, der Europäische Fiskalpakt (SKSV), der gleichfalls neben den Europäischen Verträgen steht und insbesondere die Verpflichtung auf einen ausgeglichenen Haushalt vorsieht, an deren Umsetzung sowohl die Kommission als auch der Europäische Gerichtshof beteiligt sind. Deshalb darf man davon ausgehen, dass der Gerichtshof, falls er in dieser Frage angerufen worden wäre, solch einen «Fiskalpakt» gleichfalls hätte bestätigen können, und zwar wie im Urteil zum ESM-Vertrag mit dem Hinweis, dass er weder die Arbeitsweise noch die Zuständigkeiten der Union antaste.

Dieses erste Argument des Gerichtshofs hinsichtlich der Vereinbarkeit eines innerhalb der Eurozone geschlossenen Vertrags (des ESM-Vertrags) mit der in den Europäischen Verträgen festgelegten Verteilung der Zuständigkeiten zwischen der Union und den Mitgliedsstaaten scheint uns erst recht auf den vorgeschlagenen DemV übertragbar zu sein. Denn wenn die Vereinbarkeit des ESM-Vertrags mit den Europäischen Verträgen (zumindest teilweise) auf der Tatsache beruht, dass der ESM nicht auf die Gewährleistung der Preisstabilität zielt, sondern auf die Sicherung der finanziellen Bedürfnisse der Mitglieder des ESM (der Mitgliedsstaaten, deren Währung der Euro ist), kann man erst recht davon ausgehen, dass der DemV, der materiell keinerlei ausschließliche Zuständigkeit berührt und lediglich gemeinsame Zuständigkeiten (die wirtschaftspolitische Koordinierung) betrifft und dessen Tragweite hauptsächlich institutioneller Art ist (Verbesserung der demokratischen Standards der Eurozone), nicht gegen die von den Mitgliedsstaaten der Europäischen Union eingegangenen Verpflichtungen verstößt.

Der Gerichtshof erklärt sodann, da der ESM-Vertrag nicht in die ausschließliche Zuständigkeit der Union in Fragen der Währungspolitik eingreife, könnten die Staaten durch internationale Verträge einen Stabilitätsmechanismus für die Eurozone schaffen, ohne dadurch die Zuständigkeiten der Union zu beeinträchtigen. Diese Argumentation lässt sich folgendermaßen auf den DemV übertragen: Da die vertragschließenden Parteien mit dem ESM-Vertrag rechtsgültig die als «Europäischer Stabilitätsmechanismus» bezeichnete Institution zur wirtschaftspolitischen Steuerung der Eurozone mit dem Ziel einer Stärkung der Wirtschafts- und Währungsunion schaffen konnten, sind sie folgerichtig auch berechtigt, eine Parlamentarische Versammlung der Eurozone zu schaffen, die zu einer Verbesserung der Verfahren führen soll, welche die Arbeitsweise dieser Zone bestimmen. Wenn der ESM-Vertrag keinerlei Zuständigkeit der Union berührt oder in Frage stellt, gilt das notwendig auch für den weit weniger substanziellen DemV. Die Signatarstaaten des DemV sind berechtigt, solch einen Vertrag abzuschließen, der die ausschließliche Zuständigkeit der Europäischen Union für den Bereich der Währungspolitik nicht antastet.

Zusammenfassend kann gesagt werden: Wenn die Staaten, deren Währung der Euro ist, einen DemV abschließen und ratifizieren, der den demokratischen Charakter der für die Politik in der Eurozone zuständigen Institutionen sicherstellt, hindert dies die Union nicht an der Ausübung ihrer eigenen Zuständigkeiten hinsichtlich des Schutzes der gemeinsamen Interessen.

2. Die Verfahren, die die Parlamentarische Versammlung der Eurozone zu einer Institution der Steuerung der Eurozone machen, lassen die Arbeitsweise der Institutionen der Union unangetastet und nehmen ihnen keine Zuständigkeiten weg. Weil diese neuen, durch den DemV definierten Verfahren die Institutionen der Union voraussetzen, sind sie in Wirklichkeit ein Beweis für den Respekt vor den Prinzipien, auf denen das Unionsrecht basiert.

Da keine Bestimmung der Europäischen Verträge der Union ausschließliche Zuständigkeiten auf dem Gebiet der Wirtschaftspolitik innerhalb der Eurozone zuweist, können die Mitgliedsstaaten auf diesem Gebiet frei agieren. Auf dieser Grundlage wurden ja auch bisher bereits neben der Europäischen Union der ESM-Vertrag und der Europäische Fiskalpakt abgeschlossen.

Aus dieser Perspektive schafft der DemV eine Parlamentarische Versammlung der Eurozone und bestimmt die Verfahren zur Zusammenarbeit dieser Versammlung mit den übrigen auf dieser Ebene zuständigen Institutionen (vor allem dem Eurogipfel – dem Rat der Staats- und Regierungschefs – und der Eurogruppe – dem Rat der Minister der Eurozone). Damit stört der DemV keineswegs das institutionelle Gleichgewicht der Europäischen Union, denn sein Aktionsbereich fällt nicht mit dem der Europäischen Union zusammen, und was in den Bereich der Union fällt, berührt nicht den des DemV. Das ergibt sich aus der Rechtsprechung des Europäischen Gerichtshofs, der eindeutig entschieden hat, dass der ESM keine Institution der Union ist, weshalb er eine Beschwerde gegen eine Erklärung der Eurogruppe hinsichtlich einer im Rahmen des ESM gewährten Hilfe abwies (EuGH, *Konstantinos Mallis gegen Kommission und* EZB, 20. September 2016, C-105/15 und C-109/15).

Der DemV bestimmt außerdem Verfahren für die Zusammenarbeit zwischen der Parlamentarischen Versammlung der Eurozone und bestimmten Institutionen der Europäischen Union (vor allem dem Europäischen Parlament und der Europäischen Zentralbank). Aber auch hier verbleibt er in dem vom Europäischen Gerichtshof als rechtskonform angesehenen Rahmen, hatte der doch gleichfalls in der Rechtssache *Pringle* erklärt, dass «die Mitgliedsstaaten in Bereichen, die nicht in die ausschließliche Zuständigkeit der Union fallen, berechtigt sind, außerhalb des Rahmens der Union die Organe mit Aufgaben [...] zu betrauen» (§ 158). Der DemV berührt oder verändert also nicht die Aufgaben der Institutionen der Union (vgl. § 161 der Rechtssache *Pringle*), sodass seine Vereinbarkeit mit den Europäischen Verträgen gewährleistet ist.

3. Der bestehende institutionelle Rahmen vermag kein gleichwertiges Ergebnis sicherzustellen.

Die Bestimmungen der Europäischen Verträge (EUV* und AEUV) weisen der Union keine spezielle Zuständigkeit für die Schaffung eines demokratischen Kontrollmechanismus zu, wie der DemV ihn vorsieht. In diesem Sinne ist der Rahmen der Europäischen Verträge nicht geeignet für die Verwirklichung der im DemV verfolgten Ziele. Denn insofern der DemV darauf abzielt, über die Parlamentarische Versammlung der Eurozone eine Institution zu schaffen, der die Aufgabe zukommt, in Verbindung mit der Versammlung der Staats- und Regierungschefs der Eurozone (Eurogipfel) oder mit der Versammlung der Wirtschafts- und Finanzminister der Eurozone (Eurogruppe) für eine Steuerung der Eurozone zu sorgen, zielt er nicht darauf ab, den institutionellen Rahmen der Europäischen Union zu ergänzen oder gar zu ersetzen. Er bewegt sich auf einem anderen Gebiet und ergänzt den vom Europäischen Fiskalpakt zur Steuerung der Eurozone (Titel V des SKSV) vorgegebenen Rahmen. Daher bieten die Europäischen Verträge keine geeignete rechtliche Grundlage für diese Zielsetzung.

Artikel 13 des SKSV, wonach das Europäische Parlament und die nationalen Parlamente der Vertragsparteien «über die Organisation und Förderung einer Konferenz» bestimmen, «um die Haushaltspolitik und andere von diesem Vertrag erfasste Angelegenheiten zu diskutieren», bildet keine ausreichende Grundlage für die Einrichtung einer Institution, die im Rahmen der Steuerung der Eurozone die legislative Macht und die politische Kontrolle ausübt.

Der rechtliche Rahmen der Europäischen Union sieht zwar die Möglichkeit einer «verstärkten Zusammenarbeit» vor, die es einer Gruppe von Mitgliedsstaaten erlaubt, auf bestimmten Gebieten vorauszugehen, aber dieser Rahmen eignet sich kaum für das im DemV angestrebte Projekt. Angesichts der innerhalb der Eurozone in den Blick genommenen Interventionsfelder (Wirtschafts-, Finanz- und Sozialpolitik) ist nur schwer zu erkennen, wie sich dort eine Logik verstärkter Zusammenarbeit entfalten könnte, die hier unausweichlich dazu führen müsste, dass den nationalen Parlamenten Zuständigkeiten entzogen würden, die ihnen verfassungsmäßig zustehen.

***

Ist das Recht ein Kampfsport? Vielleicht ist es auch ohne eine abschließende Klärung dieser Frage erlaubt, dem Aikido ein Prinzip zu entlehnen, das den Grundgedanken des hier in Rede stehenden Vertrags über eine Demokratisierung der Eurozone zu erhellen vermag: Nutze die Kraft deines Gegners!

Gegner gibt es hier viele: ESM, SKSV, Sixpack, Twopack …, kurz – und ohne die Liste der bereits genannten Akronyme noch weiter zu verlängern –, ein ganzes System zur Steuerung der Eurozone, das mit den in der drängenden Schuldenkrise gefundenen politischen und institutionellen Antworten entstanden ist. Von «Gegner» kann hier gesprochen werden, weil diese Anhäufung von Maßnahmen eine informelle und undurchsichtige Machtstruktur hat entstehen lassen, die in der Union zur Konsolidierung einer Sparpolitik geführt hat, und das zu einer Zeit, als diese Politik andernorts, zum Beispiel jenseits des Atlantiks, bereits aufgegeben wurde. Dieser Gegner ist trotz allem stark, weil die Antworten auf die Krise der Eurozone eine Reihe von Möglichkeiten aufzeigen, die neben dem Gebäude der von vielen für unantastbar gehaltenen Europäischen Verträge bestehen. Man kann es bedauern: Der institutionelle Rahmen der Europäischen Verträge, der geduldig über sechs Jahrzehnte europäischer Integration aufgebaut wurde, bietet zwar in der Tat eine Reihe wirkungsvoller Garantien (Transparenz, politischer Pluralismus, Grundrechte), aber man muss auch feststellen, dass zehn Jahre

nach der schmerzhaften Geburt des letzten unter den
Europäischen Verträgen (des 2007 unterzeichneten Vertrags von Lissabon) und angesichts der mitten in der
Union entstandenen «illiberalen Demokratien» (Un-
garn, Polen) niemand mehr an die Möglichkeit glaubt,
die Herkulesarbeit einer Überarbeitung der Europäischen Verträge in der Union der 27 erneut anzugehen.

Der DemV erkundet einen anderen Weg und bietet
eine rasche, konkrete politische Veränderungsperspek-
tive. Denn wenn es möglich war, den ESM-Vertrag und
den Fiskalpakt in einer wirtschaftlichen und finanziellen Notsituation neben den Europäischen Verträgen
abzuschließen (und beide vom Europäischen Gerichtshof in gewisser Weise sogar «bestätigt» wurden, siehe
oben), dann muss es auch möglich sein, heute in ähn-
licher Weise vorzugehen, um eine demokratische Notsituation in Europa abzuwenden. Letztlich lautet der
Vorschlag, denselben Weg einzuschlagen (den eines
internationalen, nicht im Rahmen der Europäischen
Union, sondern im parallelen Rahmen der Eurozone
abzuschließenden Vertrags), um ganz andere Ziele zu
verwirklichen – in diesem Fall die Demokratisierung
der Steuerung der Eurozone. Ziel dieses Vorgehens ist
es, Institutionen, deren Existenz und Zuständigkeiten
sich in einem informellen Bereich bewegen (Eurogipfel,
Eurogruppe), so einzubinden, dass sie zu rechenschafts-
pflichtigen und verantwortlichen Institutionen werden.

Der DemV folgt dem Vorbild des ESM-Vertrags und

des Fiskalpakts, soll aber deren Logik korrigieren und sie letztlich demokratisieren. Darin findet der Gedanke seinen Ausdruck, dass der «Stein» der Verträge nicht unbedingt so hart ist, wie mit einer gewissen Faulheit gerne behauptet wird – sofern denn ein politischer Wille besteht, dem europäischen Projekt eine neue Ausrichtung zu geben. Aber der DemV ist zugleich auch ein sehr ernsthafter Vorschlag. Wir werden der demokratischen Notsituation, in der wir uns befinden, nicht mit Sonntagsreden oder rituellen Beschwörungen der Notwendigkeit eines «europäischen Neustarts» beikommen können. Die Einrichtung einer Parlamentarischen Versammlung der Eurozone – Kern des vorgeschlagenen DemV, der für die Anwesenheit demokratischer europäischer Kräfte im Zentrum der Steuerung der Eurozone sorgen soll – hat nur dann Sinn, wenn diese Versammlung über echte Befugnisse verfügt: legislative Befugnisse, Kontrollbefugnisse… Die oben ausgeführten Grundlagen erläutern daher die juristischen Überlegungen und Entscheidungen, die dem DemV zugrunde liegen, und versammeln die wichtigsten Argumente zur Stützung der These, dass ein Vertrag zur Demokratisierung der Eurozone rechtlich zulässig ist.

Sie lösen natürlich nicht die vielfältigen rechtlichen Probleme, denen europäische Reformen auf ihren Wegen begegnen, aber sie umreißen eine Strategie und bezeichnen die für eine politische Veränderung notwendigen Handlungsspielräume.

Wie könnte die Parlamentarische Versammlung der Eurozone aussehen?

Welche Zusammensetzung und welche politische Ausrichtung hätte denn nun die durch den DemV geschaffene Parlamentarische Versammlung der Eurozone ganz konkret? Hier sind zwei Szenarien vorstellbar, je nachdem, ob man von einem kleinen Parlament (mit etwa 100 Abgeordneten) ausgeht oder von einem großen Parlament (mit maximal 400 Abgeordneten, wie in Artikel 4 des DemV vorgesehen).

Geht man im Fall eines kleinen Parlaments davon aus, dass 100 Abgeordnete aus den nationalen Parlamenten kämen, könnte Deutschland 24 Abgeordnete entsenden (da es 24 % der Bevölkerung der Eurozone repräsentiert), Frankreich 20 Abgeordnete, Italien 18, Spanien 14 und so weiter. Soll garantiert sein, dass jedes Mitgliedsland mit mindestens einem Abgeordneten vertreten ist (Artikel 4 DemV), sind fünf zusätzliche Sitze erforderlich, wodurch sich die Zahl der von den nationalen Parlamenten entsendeten Abgeordneten auf 105 erhöhte. Zählt man noch 25 Abgeordnete aus dem Eu-

ropäischen Parlament hinzu, ergäbe sich eine Gesamt-
zahl von 130 Abgeordneten – 105 (80 %) aus den nationalen Parlamenten und 25 (20 %) aus dem Europäischen
Parlament (Artikel 4 DemV). Dieses kleine Parlament
hätte den Vorzug, dass es effizient arbeiten könnte.

Ein großes Parlament könnte dagegen der politischen
Vielfalt eher gerecht werden, vor allem im Blick auf die
kleinen Staaten, die dann mindestens drei Abgeordnete
entsenden dürften. So ergäbe sich ein Parlament mit
400 Abgeordneten, davon 320 aus den nationalen Parlamenten und 80 aus dem Europäischen Parlament.

Man könnte sich auch überlegen, wie dieses Parlament im Blick auf die Unterteilung in Linke und Rechte
zusammengesetzt wäre. Das wäre natürlich etwas arti-
fiziell, da die Grenzen zwischen der in Tabelle 2 aufge-
führten «Rechten», «Linken» und «radikalen Linken» in
den Mitgliedsländern unterschiedlich verlaufen und im
europäischen Bereich als solche kaum existieren.

Man darf indessen wetten, dass sich hier durch die
Bildung neuer politischer Zusammenschlüsse und
potenzieller Mehrheiten die möglichen Umrisse einer
wirklich transnationalen Politik abzeichnen würden.
Dann dürfte sich zeigen, was aus einer transnationalen,
um Parteiidentitäten und politische Lager herum erfol-
genden parlamentarischen Sozialisation hervorgehen
könnte, einschließlich einer Neudefinition der nationalen Linken und Rechten, zu der es im Rahmen dieser
Versammlung kommen könnte – vor allem wenn sich

Tabelle 1. Versammlung der Eurozone:
Sitzverteilung nach Ländern

	Bevölkerung (in Mio.) *(nach Eurostat- Schätzung am 1. Januar 2016)*	Bevölkerung (in % der Eurozone)	Zahl der Sitze in der Versammlung der Eurozone	
			Variante 1: kleine Versamm- lung	*Variante 2: große Versamm- lung*
Deutschland	82	24 %	24	72
Frankreich	67	20 %	20	60
Italien	61	18 %	18	54
Spanien	46	14 %	14	42
Niederlande	17	5 %	5	15
Belgien	11	3 %	3	9
Griechenland	11	3 %	3	9
Portugal	10	3 %	3	9
Österreich	9	3 %	3	9
Finnland	5	2 %	2	6
Slowakei	5	2 %	2	6
Irland	5	1 %	1	6
Litauen	3	1 %	1	5
Slowenien	2	1 %	1	3
Lettland	2	1 %	1	3
Estland	1	0 %	1	3
Zypern	1	0 %	1	3
Luxemburg	1	0 %	1	3
Malta	0	0 %	1	3
	340	100 %	105	320
Vertreter des Europäischen Parlaments			25	80
Gesamtzahl der Abgeordneten in der Versammlung			130	400

herausstellt, dass sie keine bloße Absegnungskammer oder Registratur darstellt, sondern tatsächlich Macht ausübt.

Für welche Lösung man sich auch entscheiden mag, in jedem Fall dürfte das Parlament in seiner Zusammensetzung deutlich nach links tendieren, zumindest wenn man die aktuelle Verteilung der politischen Gruppen in den nationalen Parlamenten (Stand vom März 2017) zugrunde legt. So gehörten bei der kleinen Variante von den 105 aus den nationalen Parlamenten delegierten Abgeordneten 44 zur Rechten (CDU/CSU, LR, PP usw.), 47 zur Linken und zur ökologischen Bewegung (SPD, Die Grünen, PS, PD, PSOE usw.), 9 zur radikalen Linken (Die Linke, Podemos, Syriza usw.), und 5 stünden außerhalb dieser Einteilung (MoVimento 5 Stelle) (siehe Tabelle 2). Die 25 aus dem Europäischen Parlament im Verhältnis der verschiedenen Gruppen delegierten Abgeordneten könnten diese Gewichtsverteilung allenfalls marginal verändern.[*]

Hervorzuheben ist außerdem, dass in Fragen der Haushaltspolitik, der Ankurbelung der europäischen Wirtschaft, der Umstrukturierung der Schulden usw. die französische, spanische oder italienische Rechte oft deutlich andere Auffassungen vertritt als die deutsche

---

[*] Die detaillierten Simulationen und alle verwendeten Daten sind online abrufbar unter http://piketty.blog.lemonde.fr/2017/03/09/assemblee-de-la-zone-euro.

Rechte, die im Parlament der Eurozone nur über 12 (der 105 aus den nationalen Parlamenten zu besetzenden) Sitze verfügt.

Zusammenfassend kann man sagen: Die Parlamentarische Versammlung der Eurozone ist kein Allheilmittel. Unser Vorschlag für einen entsprechenden Vertrag kann und muss verbessert und vervollständigt werden, und wir gehen keineswegs davon aus, dass die von dieser Versammlung getroffenen Entscheidungen stets unseren Vorstellungen entsprächen oder alle Probleme Europas wie durch Zauberhand lösen könnten. Wir halten jedoch die Erwartung für berechtigt, dass dieses Parlament einen demokratischen Rahmen schüfe, der es ermöglichte, die Sparpolitik in die Minderheitsposition zu verweisen oder das gegenwärtige Kräfteverhältnis substanziell zu verändern.

Ein letzter Punkt: Es dürfte interessant sein, dass die Ergebnisse kaum anders ausfielen, wenn man die Sitze nicht nach der Bevölkerungsgröße, sondern nach dem Bruttoinlandsprodukt (BIP) der verschiedenen Mitgliedsländer verteilte. Solch ein System, das letztlich auf die Anwendung einer Regel hinausliefe, die man durch die Formel «ein Euro – eine Stimme» charakterisieren könnte (ein System, das übrigens für die Abstimmungen im Gouverneursrat des ESM wie auch in der EZB über Entscheidungen hinsichtlich der Umstrukturierung des Eigenkapitals gilt), wäre aus demokratischer Sicht offenkundig weniger befriedigend und in unseren

Tabelle 2. Versammlung der Eurozone:
Sitzverteilung nach politischen Gruppen
(aus den nationalen Parlamenten entsendete Abgeordnete)

	Zahl der Sitze in der Versammlung der Eurozone (kleine Versammlung)	Sitzverteilung nach den politischen Gruppen in den nationalen Parlamenten (Höchstzahlverfahren) (Februar 2017)		
		Rechte (CDU, LR, PP usw.)	*Linke (SPD, Grüne, PS, PD, PSOE usw.)*	*Radikale Linke (Die Linke, Podemos, Syriza usw.)*	*Sonstige (M5S ...)*
Deutschland	**24**	**12**	**10**	**2**	**0**
Frankreich	**20**	**9**	**11**	**0**	**0**
Italien	**18**	**3**	**12**	**0**	**3**
Spanien	**14**	**7**	**4**	**3**	**0**
Niederlande	5	2	2	1	0
Belgien	3	2	1	0	0
Griechenland	3	1	0	2	0
Portugal	3	1	1	1	0
Österreich	3	1	1	0	1
Finnland	2	1	0	0	1
Slowakei	2	1	1	0	0
Irland	1	1	0	0	0
Litauen	1	0	1	0	0
Slowenien	1	0	1	0	0
Lettland	1	0	1	0	0
Estland	1	1	0	0	0
Zypern	1	1	0	0	0
Luxemburg	1	1	0	0	0
Malta	1	1	1	0	0
Total	**105**	**44**	**47**	**9**	**5**

Augen vollkommen inakzeptabel, fragt sich doch, warum man es nicht auch zwischen Regionen oder Individuen anwenden sollte? Tatsache ist jedoch, dass selbst solch ein Verfahren kaum zu einer anderen Zusammensetzung der Versammlung führte, und zwar ganz einfach deshalb, weil die Werte für das BIP pro Kopf der Bevölkerung innerhalb der Eurozone recht nahe beieinanderliegen. Konkret gesagt, auf Deutschland entfallen 24 % der Bevölkerung der Eurozone, auf Frankreich, Italien und Spanien zusammen 51 % und auf die übrigen Länder 25 %. Beim BIP entfallen 28 % auf Deutschland, 48 % auf Frankreich, Italien und Spanien und 24 % auf die übrigen Länder.[*] Anders gesagt, wenn man den Verteilungsschlüssel am BIP ausrichtete, erhielte Deutschland zwar etwas mehr Sitze in der Versammlung, aber auf die Gewichtsverteilung hätte das nur geringen Einfluss. So wäre die deutsche Rechte mit 14 statt 12 (von den nationalen Parlamenten entsendeten) Abgeordneten vertreten.

[*] Zu genaueren Zahlen siehe den Hinweis in der vorigen Fußnote.

Was geschähe, wenn unsere Partner den Vertrag ablehnten?

Hier stellt sich natürlich die unangenehme Frage, was denn geschähe, wenn einige unserer Partner jegliche Diskussion über den vorgeschlagenen Vertrag ablehnten. Was geschähe zum Beispiel, wenn die politisch Verantwortlichen in Deutschland aus Angst, in einem demokratischen Parlament der Eurozone in die Minderheit zu geraten, jegliche Verhandlung darüber ausschlössen? Darauf lassen sich drei Antworten geben.

Erstens, selbst wenn der schlimmste Fall einträte und einige unserer Partner jede Diskussion ablehnten, scheint es uns doch sehr wichtig zu sein, eine mögliche Alternative zu präsentieren. Bislang haben die politisch Verantwortlichen in Frankreich ihren Partnern in der Eurozone noch nie ein echtes Projekt für eine parlamentarische und politische Union vorgeschlagen. Frankreich beklagt sich regelmäßig über Brüssel, über Deutschland und zuweilen über die ganze Welt, aber kaum je haben wir erlebt, dass man öffentlich präzise Vorschläge auf den Tisch legt, die Europa demokratischer und sozialer machen sollen. Selbst in dem schlimmsten Fall, dass solche Vorschläge von unseren Partnern rundheraus abgelehnt würden, scheint uns diese Phase der Vorlage von Vorschlägen und der Herausarbeitung von Meinungsverschiedenheiten aus politischer und historischer Perspektive von wesentlicher Bedeutung zu sein. Wenn Frankreich der Eurozone und Deutschland eine parlamentarische Demokratie auf der Grundlage eines Stimmrechts im Verhältnis der Bevölkerungszahlen vorschlüge und Deutschland sich hartnäckig jeder Diskussion darüber widersetzte, entstünde höchstwahrscheinlich ein Klima des Misstrauens und der Verzweiflung, das dann letztlich im Blick auf die Eurozone nur allzu berechtigt wäre. Möglicherweise führten dann auch andere Abstimmungen oder Wahlen in Frankreich oder anderswo zu weiteren Austritten und zu einer Explosion des europäischen Projekts. Aber selbst in diesem allerschlimmsten Fall scheint es uns wichtig zu sein, dass vorher explizit über eine plausible demokratische Alternative debattiert worden ist.

Zweitens halten wir dieses extrem pessimistische Szenario keineswegs für das realistischste. Unsere Partner und vor allem unsere deutschen Partner fühlen sich mindestens ebenso den Werten der parlamentarischen Demokratie verpflichtet und sind in ihren Überlegungen zur politischen Union oft schon weiter als wir. Abgesehen davon, dass die politische Macht in Deutschland demnächst schon der Linken zufallen könnte, gibt es in Deutschland sehr viele Bürger und politisch Verantwortliche, darunter zweifellos auch solche der Rechten, die einem französischen Vorschlag zu einer parlamentarischen Union der Eurozone sehr aufgeschlossen gegenüberstünden. Zumindest kann kein Zweifel bestehen, dass es zu Verhandlungen käme und ein Kompromiss gefunden werden müsste, von dem heute noch niemand zu sagen vermöchte, wie er aussehen könnte. Der Druck aus dem Volk und der öffentlichen Meinung vor allem in Italien und Spanien drängt in Richtung einer Demokratisierung Europas.

Drittens sieht das DemV-Projekt in seinen Ratifizierungsbestimmungen (Artikel 20) selbst einen möglichen Ausgang aus der Krise vor. Es genügt, dass 10 der 19 Länder der Eurozone, die zusammen 70 % der Gesamtbevölkerung repräsentieren, den DemV ratifizieren, damit der Vertrag in Kraft tritt. Im Extremfall ist es also denkbar, dass der Vertrag auch ohne Zustimmung eines der großen Länder, zum Beispiel ohne Deutschland, in Kraft tritt. Dieser Weg ist gewiss nicht der wünschenswerteste und auch nicht der wahrscheinlichste. Aber es gibt immerhin eine Möglichkeit für Länder, die dies wünschen, ihren guten Willen zu demonstrieren und einen Prozess partieller Ratifizierung einzuleiten, wodurch sich der Druck auf Länder, die sich jeglicher Diskussion verweigern, erhöhte. Es geht heute nicht darum, Deadlines festzulegen, jenseits deren man Brexit spielte. Es geht darum, konkrete Schritte zu unternehmen, die aufzeigen, dass es einen demokratischen Weg gibt, der aus den Widersprüchen, in denen unser Kontinent gefangen ist, herauszuführen vermag.

Entwurf eines Vertrags zur Demokratisierung der Steuerung der Eurozone (DemV)

Darlegung der Motive

Um der Krise der Eurozone Herr zu werden, schufen deren Mitgliedsstaaten in aller Eile ein System zur «Steuerung der Eurozone», das vom Vertrag über Stabilität, Koordinierung und Steuerung (SKSV) über die Regulierung der Bankenunion und die als Sixpack und Twopack bezeichneten Gesetzespakete bis hin zum Vertrag über den Europäischen Stabilitätsmechanismus (ESMV) reichte und zur Festigung der Sparpolitik innerhalb der Wirtschafts- und Währungsunion beitrug.

Dieser beträchtlichen Stärkung der Exekutivgewalt der europäischen Institutionen entspricht auf der anderen Seite keine gleichwertige Entwicklung der parlamentarischen Kontrolle. Das Europäische Parlament ist von dieser «Steuerung der Eurozone» weitgehend ausgeschlossen. Symptomatisch dafür ist die unterschiedliche Behandlung der EZB und des Europäischen Parlaments im SKS-Vertrag. Dort heißt es in Artikel 12.1 zu den Tagungen der Staats- und Regierungschefs der Mitgliedsländer: «Der Präsident der Europäischen Zentralbank wird zur Teilnahme an diesen Tagungen eingeladen», während Artikel 12.5 bestimmt: «Der Präsident des Europäischen Parlaments kann eingeladen werden, um gehört zu werden.» Den nationalen Parlamenten wird nur ein mageres Konsultativrecht eingeräumt, und zwar in Artikel 13, der auf das den Europäischen Verträgen angefügte Protokoll über die Rolle der nationalen Parlamente verweist.

Dieses Ungleichgewicht widerspricht zutiefst der feierlichen Erklärung des Europäischen Rates vom 8. April 1978 in Kopenhagen, wonach «die Achtung und die Aufrechterhaltung der parlamentarischen Demokratie... in allen Mitgliedsstaaten wesentliche Elemente ihrer Zugehörigkeit zu den Europäischen Gemeinschaften» seien – eine Selbstverpflichtung, die seither noch oft wiederholt wurde. Außerdem steht es im Widerspruch zu der Tatsache, dass die Demokratie nach den Artikeln 2 und 13 des Vertrags über die Europäische Union (EUV) zu jenen Werten gehört, denen «Geltung zu verschaffen» Zweck der europäischen Institutionen sei.

Da dieser Mangel an demokratischer Legitimation bei den Bürgern zu einer tiefen Abneigung gegenüber dem europäischen Projekt geführt hat, birgt er die Gefahr einer Zerstörung der Europäischen Union. Wenn man vor fünf Jahren auf eine Notlage im Bereich der finanziellen Stabilität verwies, um die Schaffung des ESM zu rechtfertigen, kann man heute auf eine echte demokratische Notlage verweisen, die eine Überarbeitung der für die Eurozone geschaffenen Entscheidungsprozesse erforderlich macht.

Angesichts der wechselseitigen Abhängigkeiten im Bereich der Wirtschafts- und Währungspolitik und des Wirrwarrs der Zuständigkeiten der Europäischen Union und der Mitgliedsstaaten könnte nur eine allgemeine Überarbeitung der Europäischen Verträge der Eurozone den institutionellen Rahmen bieten, der eine Korrektur der Geburtsfehler der Wirtschafts- und Währungsunion ermöglichte.

Da diese Option auf kurze Sicht kaum wahrscheinlich ist, betrachten wir hier die Möglichkeit, dass die Staaten, deren Währung der Euro ist, kurzfristig einen völkerrechtlichen «Vertrag zur Demokratisierung der Steuerung der Eurozone» abschließen, in dessen Mittelpunkt die «demokratische Konditionalität» dieser Steuerung steht.

Der Vertragsentwurf verfolgt zwei Ziele. Er soll erstens sicherstellen, dass die heute bei der «Steuerung der Eurozone» im Mittelpunkt stehende Konvergenz- und Konditionalitätspolitik auf europäischer wie auf nationaler Ebene von demokratisch verantwortlichen Institutionen geführt wird. Zweitens soll er dafür sorgen, dass über die neuen Etappen, die für eine Vertiefung der steuerlichen und sozialen Harmonisierung wie auch

der wirtschafts- und haushaltspolitischen Koordinierung innerhalb der Eurozone erforderlich sind, nicht
ohne eine direkte Beteiligung von Vertretern der nationalen Parlamente entschieden wird.

Die im vorliegenden Vertragsentwurf vorgesehene
Parlamentarische Versammlung der Eurozone beteiligt
sich voll an der Steuerung der Eurozone. Sie hat Einfluss auf die politische Agenda, indem sie an der Vorbereitung der Tagesordnung der Eurogipfel (des Rats
der Staats- und Regierungschefs) und des halbjährigen
Arbeitsprogramms der Eurogruppe (Rat der Minister
der Eurozone) teilnimmt. Sie verfügt über eine Gesetzgebungskompetenz, die es ihr ermöglicht, die Harmonisierung der Wirtschafts- und Steuerpolitik, ein dauerhaftes Wachstum und die Beschäftigung zu fördern. Sie
verfügt über Instrumente zur Kontrolle der Konver-
genz- und Konditionalitätspolitik, die sich im Verlauf
des letzten Jahrzehnts im Rahmen der Eurozone entwickelt haben. Bei Meinungsverschiedenheiten mit der
Eurogruppe hat sie das letzte Wort hinsichtlich des
Haushalts der Eurozone, der Bemessungsgrundlage und
der Höhe der Unternehmenssteuern sowie hinsichtlich
der übrigen im Vertrag vorgesehenen gesetzgeberischen
Akte.

Zu diesem Zweck nutzt der vorliegende Vertragsentwurf die juristischen Handlungsspielräume, die die
Schaffung einer demokratischen Steuerung der Eurozone *in Ergänzung* der Europäischen Verträge erlauben.

Damit greift der DemV auf den (vom Europäischen Gerichtshof in seinem Urteil zur Rechtssache *Pringle* im November 2012 bestätigten) Modus Operandi der zur Abwehr der Finanzkrise abgeschlossenen Verträge über den Fiskalpakt und den Europäischen Stabilitätsmechanismus zurück, diesmal im Dienste einer Demokratisierung. So soll deutlich werden, dass das europäische Projekt nicht «in Stein gemeißelt» ist – sofern denn der politische Wille zu einer Neuausrichtung besteht – und dass es sinnvoll ist, den Weg zu einer Demokratisierung der Steuerung der Eurozone endlich zu beschreiten.

Vertrag zur Demokratisierung der Steuerung der Eurozone (DemV) – mit Kommentaren

Die Mitglieder der Eurozone, Unterzeichner dieses Vertrags,

ENTSCHLOSSEN, angesichts einer Reihe wirtschaftlicher, politischer und sozialer Krisen die Bedeutung des vor sechzig Jahren mit der Gründung der Europäischen Gemeinschaften begonnenen Prozesses der europäischen Integration zu bekräftigen,

IM BEWUSSTSEIN der im Protokoll Nr. 14 zum Vertrag von Lissabon hervorgehobenen Notwendigkeit, «dass besondere Bestimmungen für einen verstärkten Dialog zwischen den Mitgliedstaaten, deren Währung der Euro ist, vorgesehen werden müssen»,

ANGESICHTS der durch die Finanzkrise ausgelösten politischen und institutionellen Erschütterungen und der Entstehung einer faktischen «Steuerung der Euro-

45

zone», an der in unterschiedlicher Weise der Rat der Staats- und Regierungschefs der Eurozone (der in Artikel 12 des SKSV eingerichtete Eurogipfel), der Rat der Minister der Eurozone (die in Artikel 137 des AEUV und in Protokoll Nr. 14 zum Vertrag von Lissabon anerkannte Eurogruppe), die Europäische Kommission, der Europäische Gerichtshof und die Europäische Zentralbank beteiligt sind,

IN DEM WISSEN, dass die dieser «Steuerung der Eurozone» eigenen Ungleichgewichte die Europäische Union in eine demokratische Notlage gebracht haben,

IN DEM WUNSCH, die demokratische Verantwortung und die Effizienz der Institutionen der «Steuerung der Eurozone» zu stärken, damit sie die ihnen zugewiesenen Aufgaben besser erfüllen können,

EINGEDENK des Berichts der fünf Präsidenten, «Die Wirtschafts- und Währungsunion Europas vollenden», vom 22. Juni 2015 und seines 5. Teils, «Demokratische Rechenschaftspflicht, Legitimität und institutionelle Stärkung»,

ENTSCHLOSSEN, den Einsatz der Unterzeichnerstaaten für soziale Rechte zu garantieren, wie sie in der Europäischen Sozialcharta vom 18. Oktober 1981 (überarbeitet 1996), in der Gemeinschaftscharta der sozialen

Grundrechte für Arbeitnehmer vom 9. Dezember 1989 und in der Charta der Grundrechte der Europäischen Union, heute integraler Bestandteil des Vertrags von Lissabon, niedergelegt sind,

ENTSCHLOSSEN, die Konvergenz- und Konditionalitätspolitik der Eurozone um demokratisch auf europäischer wie auf nationaler Ebene rechenschaftspflichtige Institutionen zu konstruieren, damit sie in vollem Maße an der Verwirklichung der Werte teilhaben, auf denen der Prozess der europäischen Integration basiert,

IM BLICK auf die nächsten Schritte, die erforderlich sind, um dauerhafte Grundlagen für eine politische, wirtschaftliche und soziale Union zu schaffen,

BEKRÄFTIGEN sowohl ihre Verpflichtung als Mitgliedsstaaten der Europäischen Union, ihre Wirtschaftspolitik als eine Frage von gemeinsamem Interesse anzusehen, als auch ihre Verantwortung für die Schaffung der zur Sicherung einer europäischen Solidarität erforderlichen Mechanismen;

BESCHLIESSEN, den demokratischen Charakter der im Rahmen der Steuerung der Eurozone getroffenen Entscheidungen zu stärken;

und sind

EINGEDENK des für die Beziehungen zwischen der Europäischen Union und den Mitgliedsstaaten herrschenden Grundsatzes einer loyalen Zusammenarbeit,

UNTER BERÜCKSICHTIGUNG der Tatsache, dass die Staats- oder Regierungschefs der Mitgliedsstaaten der Eurozone und anderer Mitgliedsstaaten der Europäischen Union das Ziel verfolgen, die Bestimmungen des vorliegenden Vertrags möglichst schnell in die Verträge zu integrieren, auf denen die Europäische Union basiert,

IN ERWÄGUNG der Tatsache schließlich, dass die für ein gutes Funktionieren der Eurozone notwendige Politik der wirtschafts- und haushaltspolitischen Koordinierung wie auch der steuerlichen und sozialen Harmonisierung in den Kernbereich der Vorrechte der nationalen Parlamente eingreift, über die es in Artikel 12 des EUV heißt, sie «tragen aktiv zur guten Arbeitsweise der Union bei»,

wie folgt übereingekommen:

Kapitel I
Gegenstand und Anwendungsbereich

Artikel 1

1. Durch diesen Vertrag kommen die Hohen Vertragspar-
    teien überein, als Mitgliedsstaaten der Europäischen
    Union die für ein gutes Funktionieren der Eurozone
    notwendige Politik der wirtschafts- und haushaltspoli-
    tischen Koordinierung wie auch der steuerlichen und
    sozialen Harmonisierung durch den Abschluss eines
    Demokratiepakts zu stärken und dadurch die Verwirk-
    lichung der Ziele der Europäischen Union zu unter-
    stützen.
2. Die Vertragsparteien sind die Staaten, deren Währung
    der Euro ist.

Als völkerrechtlicher Vertrag zwischen den Staaten der
Eurozone schlägt der DemV als Gegengewicht zu dem
vor fünf Jahren in Gestalt des SKSV geschlossenen
«Europäischen Fiskalpakt» einen «Demokratiepakt»

vor. Zu diesem Zweck installiert der Vertrag im Herzen der Steuerung der Eurozone eine Parlamentarische Versammlung. Als institutionelle Antwort auf die demokratische Notlage, in der sich Europa heute befindet, erscheint der DemV als unerlässliche Voraussetzung für eine Neuausrichtung der Wirtschafts- und Haushaltspolitik innerhalb der Eurozone, die den Erfordernissen einer fiskal- und sozialpolitischen Harmonisierung besser gerecht wird.

Kapitel II
Demokratiepakt der Eurozone

Artikel 2. Die Parlamentarische Versammlung

Durch diesen Vertrag installieren die Vertragsparteien miteinander eine Versammlung mit Namen «Parlamentarische Versammlung der Eurozone» (im Folgenden kurz «Versammlung» genannt).

Als Herzstück des vom DemV vorgeschlagenen Demokratiepakts soll die Parlamentarische Versammlung der

Eurozone als Vertretungsorgan der europäischen Völker innerhalb der Eurozone fungieren. Da sie aus Mitgliedern der nationalen Parlamente (die an der Bestimmung der auf der Ebene der Eurozone festgelegten Wirtschafts-, Sozial- und Fiskalpolitik beteiligt sein müssen) und Mitgliedern des Europäischen Parlaments besteht (die die Bürger Europas repräsentieren), bietet sie die Möglichkeit, dass die gewählten Vertreterinnen und Vertreter der Bürger und Bürgerinnen in die sie betreffenden Entscheidungsprozesse eingreifen.

Artikel 3. Funktionen

Die Versammlung übt gemeinsam mit der Eurogruppe die legislative Funktion aus und gewährleistet die Funktionen der politischen Kontrolle gemäß den in diesem Vertrag bestimmten Bedingungen.
2. Sie arbeitet eng mit dem Europäischen Parlament zusammen.

Die durch den DemV geschaffene Parlamentarische Versammlung der Eurozone soll nicht an die Stelle der Institutionen der Europäischen Gemeinschaft treten oder deren Zuständigkeiten in Frage stellen.

Artikel 4. Zusammensetzung

1. Die Versammlung besteht aus maximal vierhundert Abgeordneten. Vier Fünftel der Abgeordneten werden von den nationalen Parlamenten aus ihren Reihen im Verhältnis der dort vertretenen Gruppen unter Beachtung des politischen Pluralismus und nach einem von jedem Mitgliedsstaat der Eurozone selbst festzulegenden Verfahren bestimmt; ein Fünftel der Abgeordneten wird vom Europäischen Parlament aus seinen Reihen im Verhältnis der dort vertretenen Gruppen unter Beachtung des politischen Pluralismus und nach einem vom Europäischen Parlament festgelegten Verfahren bestimmt.

2. Die Anzahl der aus einem nationalen Parlament entsendeten Abgeordneten bemisst sich am Bevölkerungsanteil des betreffenden Mitgliedsstaates der Eurozone an der Gesamtbevölkerung der Eurozone. Jedes nationale Parlament entsendet mindestens einen Abgeordneten oder eine Abgeordnete.

3. Delegationen der Parlamente jener Mitgliedsstaaten der Europäischen Union, deren Währung nicht der Euro ist, sind eingeladen, als Beobachter an den Sitzungen der Versammlungen teilzunehmen. Sie erhalten zeitgerechten Zugang zu allen Informationen und werden in angemessener Weise zurate gezogen.

4. Die Anzahl der Abgeordneten der Versammlung wird durch eine Geschäftsordnung festgelegt.

Die Parlamentarische Versammlung der Eurozone besteht aus Parlamentariern. Vier Fünftel der Abgeordneten kommen aus den nationalen Parlamenten, das restliche Fünftel wird vom Europäischen Parlament bestimmt. Damit gewährleistet die Versammlung die Beteiligung der nationalen Parlamente an der Bestimmung und Kontrolle der intergouvernementalen politischen Entscheidungen auf der Ebene der Eurozone. Die Beteiligung von Abgeordneten des Europäischen Parlaments wiederum konkretisiert die in Artikel 3.2 niedergelegte Pflicht zu einer engen Zusammenarbeit. Da es wünschenswert ist, dass die Eurozone ebenso wie die im vorliegenden DemV bestimmte demokratische Kontrolle sich auch in Zukunft weiterentwickeln, ist vorgesehen, dass Delegationen von Staaten, die noch nicht zur Eurozone gehören, mit Beobachterstatus an der Versammlung teilnehmen können.

Die Zusammensetzung der einzelnen Abgeordnetengruppen (aus den nationalen Parlamenten und dem Europäischen Parlament) resultiert natürlich aus dem jeweiligen politischen Kräfteverhältnis innerhalb dieser Parlamente. Sie entspricht dem Kräfteverhältnis der dortigen politischen Gruppen und garantiert auf diese Weise den politischen Pluralismus. Außerdem sieht der DemV vor, dass die Mitgliederzahl der nationalen Abordnungen dem Bevölkerungsanteil des betreffenden

Landes entspricht, wobei jedes Mitgliedsland mindestens einen Vertreter entsendet.

Artikel 5. Neue Mitglieder

Die übrigen Mitgliedsstaaten der Europäischen Union können Signatarstaaten des vorliegenden Vertrags werden, sobald die Entscheidung des Rats der Europäischen Union in Kraft tritt, gemäß Artikel 140.2 des AEUV die Ausnahmeregelung hinsichtlich der Übernahme des Euro für diesen Staat aufzuheben.

Der DemV definiert nicht die Grenzen eines geschlossenen Vereins. Er basiert vielmehr auf der Zuversicht, dass eine demokratische Wende in der Steuerung der Eurozone und eine veränderte Ausrichtung der Wirtschaftspolitik dem europäischen Projekt wieder die Anziehungskraft verleihen können, die es seit Langem schon verloren hat, und lässt darum die Türen offen für jene, die ihm beitreten möchten.

Artikel 6. Der Rat der Minister der Eurozone (Eurogruppe)

1. Der Rat der Minister der Eurozone sorgt für eine enge Koordinierung und Harmonisierung der Wirtschafts- und Steuerpolitik der Länder, deren Währung der Euro ist.
2. Er besteht je nach Tagesordnung entweder aus den Wirtschafts- und Finanzministern, den Ministern für Arbeit und Soziales oder anderen für die auf der Tagesordnung stehenden Punkte zuständigen Ministern.
3. Der Präsident oder die Präsidentin des Rats der Minister der Eurozone wird im Einklang mit Artikel 2 des Protokolls Nr. 14 zum Vertrag von Lissabon mit der Mehrheit der Mitgliedsstaaten gewählt.

Der Rat der Minister der Eurozone (Eurogruppe) besteht schon vor dem DemV. Es handelt sich um ein informelles Beratungsgremium, das im Regelfall aus den Finanzministern der Eurozone besteht. Das in Artikel 137 des Lissabon-Vertrags und im zugehörigen Protokoll Nr. 14 genannte Gremium ist eine mächtige Koordinierungsinstanz zwischen den verschiedenen Institutionen zur Steuerung der Eurozone. Der DemV bestätigt dessen allgemeine Aufgabe (Artikel 6.1). Dennoch erinnert er daran, dass der Rat der Minister der Eurozone nicht unbedingt ein Monopol der Wirtschafts- und Finanzminister darstellt, sondern auch in anderer Zusammensetzung tagen kann, falls die Tagesordnung dies erfordert, nämlich mit Ministern anderer Ressorts, insbesondere auch den Ministern für Arbeit und Soziales.

_____

Kapitel III
Kompetenzen und Aufgaben der
Parlamentarischen Versammlung
der Eurozone

_____

Die Schaffung einer Parlamentarischen Versammlung der Eurozone hat nur dann Sinn, wenn sie über echte Kompetenzen verfügt. Angesichts des polymorphen Charakters einer durch eine Vielzahl von Institutionen ausgeübten Kontrolle (Eurogipfel, Eurogruppe, aber auch Europäische Kommission, Europäischer Gerichtshof und *last, but not least* Europäische Zentralbank) versucht der DemV nicht, die Verfahren der repräsentativen Demokratie nachzuahmen, indem er etwa künstlich ein Gegenüber zwischen einer «Regierung» und einem «Parlament» schüfe. Vielmehr versucht er, die parlamentarische Macht als Kontrapunkt zu all jenen Konvergenz- und Konditionalitätspolitiken zu set-

zen, die um diesen exekutiven europäischen Pol entstanden sind.

_____

Artikel 7. Eurogipfel und Eurogruppe

1. Im Einvernehmen mit der Eurogruppe bereitet die
   Versammlung die Tagungen des Rats der Staats- und
   Regierungschefs der Eurozone (Eurogipfel) vor.
2. Im Einvernehmen mit deren Mitgliedern bestimmt sie
   das Halbjahresprogramm der Eurogruppe.

_____

Der Eurogipfel ist die höchste Entscheidungsinstanz
innerhalb der Steuerung der Eurozone. Er besteht aus
den Staats- und Regierungschefs der Länder, deren
Währung der Euro ist. Gegenwärtig bestimmt er im
Schatten der Verträge die strategische Ausrichtung im
Blick auf die Wirtschaftspolitik, die Verbesserung der
Wettbewerbsfähigkeit und die verstärkte Harmoni-
sierung. Heute entscheidet ein anderes «exekutives»
Organ, die Eurogruppe (der Rat der Minister der Euro-
zone, siehe Artikel 6), über die Organisation des min-
destens zweimal im Jahr stattfindenden Eurogipfels.
Sie bereitet die Gipfel vor und sorgt für die Ausführung
der Beschlüsse, und sie hat – in Abstimmung mit dem
Gipfel der Eurogruppe – entscheidenden Anteil an der

Festlegung der Tagesordnung. Artikel 7.1 des DemV stellt die Parlamentarische Versammlung der Eurozone mitten hinein in diesen undurchsichtigen, von den nationalen und europäischen Exekutiven monopolisierten Prozess. Er gibt der Versammlung das Recht, sich an der Vorbereitung der Eurogipfel zu beteiligen, und verleiht ihr dadurch eine wichtige Rolle bei der Festlegung der Umrisse der verfolgten Politik. Artikel 7.1, in diesem Punkt sehr präzise und auf Lösungen bedacht, die auf einer kritischen Analyse der effektiven Praxis basieren, sieht vor, dass der Präsident oder die Präsidentin des Eurogipfels einen Entwurf der Tagesordnung an die Versammlung übermittelt, die dann im Einvernehmen mit der Eurogruppe Tagesordnungspunkte hinzufügen kann. Die Versammlung verfügt also über Möglichkeiten, wirkungsvollen Einfluss auf die Agenda der Eurogipfel und die großen Linien ihrer Politik zu nehmen.

Artikel 8. Harmonisierung und Koordinierung der Wirtschafts- und Haushaltspolitik

1. Die Versammlung nimmt jährlich Stellung zum Warnmechanismus-Bericht der Europäischen Kommission im Rahmen des Verfahrens bei einem makroökonomischen Ungleichgewicht, soweit der Bericht die Staaten betrifft, deren Währung der Euro ist.

Die Politik des sogenannten Europäischen Semesters hat einen Warnmechanismus entwickelt, der es ermöglichen soll, gravierende makroökonomische Ungleichgewichte bei einem Mitgliedsstaat frühzeitig zu erkennen und zu beheben, vor allem falls sie das gute Funktionieren der Wirtschafts- und Währungsunion zu beeinträchtigen drohen. Die Europäische Kommission erstellt den sogenannten Warnmechanismus-Bericht, und die Eurogruppe prüft ihn. Die Eurogruppe entscheidet auch, ob ein Staat von einem übermäßigen Ungleichgewicht betroffen ist. Durch Artikel 8.1 wird die Parlamentarische Versammlung der Eurozone in die Prüfung dieses Berichts einbezogen. Sie kann entscheiden, ob ein Mitgliedsstaat von einem übermäßigen Ungleichgewicht betroffen ist und ob er zum Gegenstand spezieller Empfehlungen gemacht werden soll.

2. **Sie beteiligt sich an der Diskussion über die jährlichen Haushaltsentwürfe der Mitgliedsstaaten im Rahmen des Europäischen Semesters und gibt Empfehlungen ab.**

Im Rahmen des Europäischen Semesters legen die Mitgliedsstaaten ihre «nationalen Reformprogramme zur Förderung von Wachstum und Beschäftigung» und ihre «Stabilitätsprogramme» vor, in denen sie ihre Absichten im Hinblick auf Strukturreformen und Haushaltsdisziplin darlegen. Auf dieser Grundlage übermittelt die Eurogruppe den Mitgliedsstaaten Leitlinien für deren Wirtschafts-, Beschäftigungs- und Haushaltspolitik. Die Mitgliedsstaaten haben diese Leitlinien bei wichtigen Entscheidungen hinsichtlich ihrer Haushalte für die kommenden Jahre zu berücksichtigen. Auch hier ist die Eurogruppe politisch nicht rechenschaftspflichtig für ihre Interventionen, obwohl sie damit tief in die Haushaltspolitik der einzelnen Länder eingreift.

Artikel 8.2 gleicht dieses Demokratiedefizit aus, indem er die Versammlung an der Bewertung der nationalen Haushaltspläne beteiligt. Außerdem hat die Versammlung das Recht, Empfehlungen für die Wirtschafts-, Beschäftigungs- und Haushaltspolitik der Mitgliedsstaaten auszusprechen, die diese zu berücksichtigen haben.

---

3. **Gegebenenfalls prüft sie die Empfehlungen und Berichte der Kommission an den Rat hinsichtlich solcher Staaten der Eurozone, die Gegenstand eines Verfahrens bei einem übermäßigen Ungleichgewicht sind.**

Jeder Mitgliedsstaat, gegen den ein Verfahren bei einem übermäßigen Ungleichgewicht eingeleitet worden ist, legt der Eurogruppe und der Kommission einen «Korrekturplan» vor. Auf der Grundlage eines Berichts der Kommission prüft die Eurogruppe diesen Plan innerhalb von zwei Monaten nach dessen Eingang.

Artikel 8.3 bestimmt also, dass die Versammlung zum Inhalt dieses Plans Stellung nimmt. Hält sie ihn für befriedigend, unterstützt sie ihn und beteiligt sich an der Ausarbeitung der Liste der zur Behebung des Defizits zu ergreifenden Maßnahmen. Sie hat jedoch auch das Recht, die Empfehlungen der Eurogruppe zu ergänzen oder abzuändern, und die Eurogruppe ist verpflichtet, dem Rechnung zu tragen.

4. Sie pflegt einen regelmäßigen Meinungsaustausch über die Bedingungen der Umsetzung der für die Eurozone im Rahmen des Europäischen Semesters empfohlenen Strukturreformen.

5. Sie beteiligt sich an der Überwachung der Koordinierungsbemühungen der Mitgliedsstaaten der Eurozone im Bereich der Haushaltspolitik und verfolgt die globale haushaltspolitische Ausrichtung der Eurozone und deren Zusammensetzung.

Artikel 9. Finanzhilfefazilität

1. Innerhalb des Verfahrens, in dem über die Gewährung von Stabilitätshilfe entschieden wird, stimmt die Parlamentarische Versammlung der Eurozone über die Bewilligung der Finanzhilfefazilität im Rahmen des in Artikel 13.2 des Vertrags zur Einrichtung des Europäischen Stabilitätsmechanismus festgelegten Verfahrens ab.

2. Falls die in Artikel 1 vorgesehene Finanzhilfefazilität gebilligt wird, muss das zur Finanzhilfefazilität gehörige, die Konditionalität festlegende Memorandum of Understanding der Versammlung zur Billigung vorgelegt werden.

3. Die Versammlung beteiligt sich an der Bewertung der Lage jener Länder, für die ein makroökonomisches Anpassungsprogramm eingeleitet oder durchgeführt wurde.

Artikel 13 des Vertrags über den Europäischen Stabilitätsmechanismus (ESMV), auf den hier Bezug genommen wird, bezieht sich auf das Verfahren zur Gewährung einer Finanzhilfe für einen Mitgliedsstaat der Eurozone zur Sicherung seiner Finanzstabilität. Der ESM ist also ein Hilfsfonds. Er wird von einem Gouverneursrat geleitet, der aus den Finanzministern der Eurozone besteht. Anders gesagt, abgesehen von einer kleinen Namensänderung tauchen hier wieder die Mitglieder der Eurogruppe auf. Und den Vorsitz im Gouverneursrat hat der Präsident der Eurogruppe inne.

Die Steuerung des ESM liegt vollständig in den Händen der Eurogruppe. Sie entscheidet über die Gewährung einer Finanzhilfe für einen Mitgliedsstaat der Eurogruppe; sie legt die Bedingungen dieser Hilfe fest; und sie bestimmt das «Memorandum», das die Konditionalität der vom ESM gewährten Finanzhilfe festlegt. Griechenland, Irland, Spanien und Portugal sind bereits in den Genuss dieses Mechanismus gekommen, im Tausch gegen eine drastische Sparpolitik. Das bekannteste Beispiel ist hier natürlich Griechenland. Im «Memorandum» vom 19. August 2015 wurden vier Bedingungen festgelegt: ein mittelfristiger Primärüberschuss von 3,5 % des BIP, haushaltspolitische Reformen samt einer Reform der Mehrwertsteuer und einer Rentenreform, einschneidende Kürzungen in der Verwaltung, eine Reform des Arbeitsmarkts und ein umfangreiches Privatisierungsprogramm.

Der DemV führt hier in einen besonders undurchsichtigen Prozess ein Verfahren zur politischen Kontrolle ein, denn die Parlamentarische Versammlung der Eurozone muss über die Gewährung einer Finanzhilfe für einen Mitgliedsstaat abstimmen, und die von der Eurogruppe ausgehandelten «Memoranden» müssen dem Parlament zur Zustimmung vorgelegt werden.

Artikel 10. Steuerungsdialog mit der Europäischen Zentralbank

1. Einmal jährlich ist die Versammlung eingeladen, sich unter Beachtung der Europäischen Verträge mit einer Resolution zur Interpretation der Preisstabilitäts- und Inflationsziele der Europäischen Zentralbank zu äußern.

2. Die Versammlung stimmt über die Billigung des jährlichen Berichts der Europäischen Zentralbank über den einheitlichen Aufsichtsmechanismus ab.

Da die Europäische Zentralbank ein beispielloses Maß an Unabhängigkeit besitzt, steht sie nach Ansicht vieler am Rande des öffentlichen Raumes. Dennoch hat die in Frankfurt ansässige währungspolitische Institution ihre Macht während der Eurokrise ständig weiter ausgebaut. So spielte Mario Draghi sich 2012 als letzter Garant der Währungsunion auf, indem er erklärte, die EZB sei bereit «zu tun, was immer nötig ist» («*whatever it takes*»). Der DemV holt die EZB aus ihrer *splendid isolation* heraus und schafft die institutionellen Voraussetzungen für eine ständige politische Debatte über die wirtschafts- und währungspolitischen Entscheidungen der Zentralbank.

Artikel 11. Untersuchungs- und Kontrollrechte

1. Zur Ausübung ihrer Kontrollfunktion hinsichtlich der Institutionen zur Steuerung der Eurozone und in enger Zusammenarbeit mit dem Europäischen Parlament verfügt die Versammlung über ein Büro zur Folgenabschätzung wirtschaftspolitischer europäischer Entscheidungen.

2. Auf Antrag eines Viertels ihrer Mitglieder kann die Versammlung einen Ausschuss einsetzen, der die Aufgabe hat, Vorwürfen wegen Mängeln in der Steuerung der Eurozone nachzugehen.

3. Der Rechnungshof der Europäischen Union unterstützt die Versammlung bei der Ausübung ihrer Kontrollrechte.

4. Europäische Zentralbank und Kommission stellen der Versammlung alle Dokumente und Daten zur Verfügung, die ihr als nützlich für die Ausübung ihrer Befugnisse erscheinen. Bei Bedarf können diese Dokumente und Daten von einem hinter verschlossenen Türen tagenden Parlamentsausschuss geprüft werden.

5. Zur Sicherung von Transparenz und Rechenschaftspflicht kann die Versammlung institutionelle Akteure der Steuerung der Eurozone zur Anhörung laden.

Eine politische Kontrolle der mit der Steuerung der Eurozone zusammenhängenden Bereiche ist keine einfache Sache. Nicht nur der technische Charakter der Themen bereitet hier Probleme – weil Parlamentarier, die sich mit den in den Debatten über die Zukunft der Eurozone so zentralen wirtschaftspolitischen und rechtlichen Argumenten nicht auskennen, sich davon abgestoßen fühlen. Problematisch ist auch die ungleiche Verteilung der Expertise zwischen den nationalen oder europäischen wirtschafts- und finanzpolitischen Verwaltungen (EZB, Kommission) und den Parlamentariern auf nationaler oder europäischer Ebene. Die Parlamentarier beraten häufig auf der Grundlage ökonomischer Diagnosen und statistischer Daten, die an anderer Stelle produziert und analysiert wurden, was sie des unabhängigen Urteils beraubt, das für eine wirksame politische Kontrolle erforderlich wäre. Und schlimmer noch, die Parlamentarier, die dies dennoch versuchen, stoßen häufig auf ein Sperrfeuer seitens jener Institutionen, die wie die Europäische Zentralbank eifersüchtig über ihre Betriebsgeheimnisse wachen und sich den für eine echte demokratische Debatte unverzichtbaren Öffentlichkeitserfordernissen entziehen.

Der DemV will der Parlamentarischen Versammlung der Eurozone die für ihre politische Kontrolle erforderlichen Mittel an die Hand geben, in erster Linie durch die Schaffung eines parlamentarischen Büros zur Folgenabschätzung wirtschaftspolitischer europäischer Entscheidungen, das eigenständige Erkenntnisse liefern soll, und durch das Recht auf Zugang zu den

Dokumenten und Daten der Schlüsselinstitutionen der Eurozone. Die Versammlung wird so zu einem wesentlichen Ort für die Entwicklung einer transnationalen öffentlichen Debatte über die wirtschaftspolitischen europäischen Entscheidungen.

―――――――――――――

Artikel 12. Ausübung der Gesetzgebungs-kompetenz innerhalb der Eurozone

1. Ohne in die der Union auf wirtschaftspolitischem Gebiet übertragenen Zuständigkeiten einzugreifen, beschließen Versammlung und Eurogruppe im Einklang mit den in Artikel 13 und 15 genannten Gesetzgebungsverfahren solche gesetzlichen Bestimmungen, die es ermöglichen, dauerhaftes Wachstum und Beschäftigung zu fördern, den sozialen Zusammenhalt zu stärken und eine bessere Harmonisierung der Wirtschafts- und Fiskalpolitik innerhalb der Eurozone zu gewährleisten.

2. Versammlung und Eurogruppe stimmen gemäß dem ordentlichen Gesetzgebungsverfahren über die Bemessungsgrundlage und den Steuersatz der Unternehmenssteuern ab, aus denen der Haushalt der Eurozone finanziert wird.

3. Unter Beachtung der nach Artikel 12.2 festgelegten Bemessungsgrundlage für die Unternehmenssteuer

können die Mitgliedsstaaten einen Zusatzsteuersatz beschließen.

4. Versammlung und Eurogruppe beschließen gemäß dem ordentlichen Gesetzgebungsverfahren die Bestimmungen, die auf die Vergemeinschaftung der öffentlichen Schulden der Mitglieder der Eurostaaten zielen, soweit sie 60 % des BIP des betreffenden Staates übersteigen.

5. Die nach Artikel 13 vorgesehenen Entwürfe oder Vorschläge zu Gesetzgebungsakten werden dem Europäischen Parlament zuvor zur Kenntnis gebracht.

Damit die Parlamentarische Versammlung der Eurozone in der Lage ist, aktiv Einfluss auf die Ausrichtung der Wirtschaftspolitik innerhalb der Eurozone zu nehmen, überträgt der DemV ihr eine allgemeine Gesetzgebungskompetenz auf den Gebieten Wachstum und Beschäftigung, sozialer Zusammenhalt sowie Harmonisierung der Wirtschafts- und Fiskalpolitik innerhalb der Eurozone. Diese Zuständigkeit gehört teilweise in den Bereich der «gemeinsamen Zuständigkeiten» der Europäischen Union und der Mitgliedsstaaten, das heißt jener Zuständigkeiten, die bei den Mitgliedsstaaten verbleiben, solange die Union hier nicht selbst gesetzgeberisch tätig wird. Die Versammlung agiert also in Ergänzung zur Europäischen Union und nutzt ihre Gesetzgebungsrechte, ohne in die Zuständigkeit der Eu-

ropäischen Union einzugreifen. Nach Artikel 12 bestimmt die Versammlung gemeinsam mit der Eurogruppe auch über die Bemessungsgrundlage und den
Steuersatz für die Unternehmenssteuern, aus denen
der Haushalt der Eurozone finanziert wird, wie auch
über die Vergemeinschaftung der öffentlichen Schulden der Mitglieder der Eurostaaten, soweit sie 60% des
BIP der betreffenden Staaten übersteigen, wodurch die
Grundlagen für eine europäische Solidarität gelegt
werden.

_____

Artikel 13. Das ordentliche Gesetzgebungs-verfahren

1. Die Eurogruppe und die Versammlung beschließen
   gemeinsam die innerhalb der Steuerung der Eurozone
   anzuwendenden Gesetzgebungsakte.
2. Die Gesetzesinitiative liegt bei den Mitgliedern der
   Eurogruppe und den Mitgliedern der Versammlung.
   Sie haben das Recht, Abänderungsanträge einzubringen.
3. Die legislative Tagesordnung der Eurozone wird gemeinsam von der Eurogruppe und der Versammlung
   festgelegt. Für maximal die Hälfte der Sitzungen bestimmt die Versammlung ihre Tagesordnung eigen-
   ständig und setzt die von ihr entgegengenommenen

Vorschläge oder Entwürfe zu Gesetzgebungsakten auf die Tagesordnung.

4. Das ordentliche Gesetzgebungsverfahren der Eurozone gilt für Verordnungen, Richtlinien oder Beschlüsse, über die von der Eurogruppe und der Versammlung gemeinsam entschieden wird.

5. Die Mitglieder der Eurogruppe bringen Entwürfe zu Gesetzgebungsakten ein. Die Mitglieder der Versammlung bringen Vorschläge zu Gesetzgebungsakten ein.

6. Jeder Vorschlag oder Entwurf zu Gesetzgebungsakten wird nacheinander von der Eurogruppe und der Versammlung im Blick auf die Annahme eines identischen Textes geprüft.

7. Kann ein Entwurf oder Vorschlag zu einem Gesetzgebungsakt aufgrund der Uneinigkeit zwischen den beiden Institutionen nicht im Verlaufe zweier Lesungen angenommen werden, berufen der Präsident/die Präsidentin der Eurogruppe und der Präsident/die Präsidentin der Versammlung innerhalb von sechs Wochen einen Vermittlungsausschuss ein.

8. Der Vermittlungsausschuss, der aus Mitgliedern der Eurogruppe oder ihren Vertretern und ebenso vielen Vertretern der Versammlung besteht, hat die Aufgabe, sich innerhalb von sechs Wochen nach seiner Einberufung auf einen gemeinsamen Text des betreffenden Entwurfs oder Vorschlags zu einigen.

9. Einigt sich der Vermittlungsausschuss innerhalb dieser Frist auf einen gemeinsamen Textentwurf, haben

Versammlung und Eurogruppe jeweils sechs Wochen Zeit, um den betreffenden Gesetzgebungsakt in der gebilligten Formulierung anzunehmen.

10. Einigt der Vermittlungsausschuss sich innerhalb von sechs Wochen nicht auf einen gemeinsamen Text oder wird der oben genannte Entwurf nicht angenommen, bittet der Präsident/die Präsidentin der Eurogruppe nach einer weiteren Lesung in der Eurogruppe und der Versammlung die Versammlung um eine endgültige Abstimmung.

Artikel 13 bestimmt ein ordentliches Gesetzgebungs-verfahren für die in Artikel 12 genannten Politikfelder. Danach liegt das Initiativrecht bei den Mitgliedern der Eurogruppe und der Versammlung, die auch das Recht haben, Abänderungsanträge einzubringen. Das ist ein wesentlicher Punkt, denn bekanntlich besitzt das Euro-päische Parlament kein Initiativrecht im Bereich der europäischen Gesetzgebung, sodass es nicht auf die Agenda der Union einzuwirken vermag, wodurch die demokratische Dimension des europäischen politi-schen Systems beträchtlich geschwächt wird. Nach dem DemV dagegen besitzt die Versammlung eine Vorrangstellung im gesamten Gesetzgebungsverfah-ren und kann daher auch auf demokratischem Wege das Tempo der Konsolidierung der Eurozone be-stimmen.

Nach dem DemV werden Gesetzgebungsakte gemeinsam von der Versammlung und der Eurogruppe beschlossen. Sind die beiden Institutionen sich nicht einig, liegt das letzte Wort nach Abschluss des Vermittlungsverfahrens bei der Versammlung, die damit über ein mächtiges Instrument verfügt, mit dem es Einfluss auf die politische Gestaltung der Eurozone nehmen kann.

Die Festlegung der gesetzgeberischen Tagesordnung ist für die Gewichtsverteilung innerhalb eines Institutionensystems von entscheidender Bedeutung und ganz besonders für das Verhältnis zwischen exekutiver und legislativer Gewalt. Es reicht nicht, dass die Legislative über das Initiativrecht verfügt, sie muss es auch nutzen können. Damit sich diese Gewichtsverteilung nicht zugunsten der Exekutive verschiebt, die oft über bessere Möglichkeiten zur Vorbereitung von Gesetzen verfügt, ist eine Sicherung eingebaut, die festlegt, dass die Versammlung ganz unabhängig von der Machtverteilung zwischen beiden Institutionen über die Hälfte der Tagesordnung bestimmen kann.

———————————————

Artikel 14. Der Haushalt der Eurozone

1. Der Haushalt der Eurozone dient der Förderung dauerhaften Wachstums, der Beschäftigung, des sozialen

Zusammenhalts und einer besseren Harmonisierung der Wirtschafts- und Fiskalpolitik innerhalb der Eurozone.

2. Alle Einnahmen und Ausgaben der Eurozone sind für jedes Haushaltsjahr abzuschätzen und im Haushaltsplan aufzuführen.

3. Die Entscheidung über den jährlichen Haushalt der Eurozone obliegt der Versammlung und der Eurogruppe.

4. Das Haushaltsjahr beginnt am 1. Januar und endet am 31. Dezember.

Artikel 15. Das Gesetzgebungsverfahren für den Haushalt der Eurozone

1. Für die Erstellung und Verabschiedung des jährlichen Haushalts der Eurozone durch die Versammlung und die Eurogruppe gelten die nachfolgenden Bestimmungen.

2. Auf der Grundlage eines von der Versammlung vorgelegten Haushaltsvorschlags beschließt die Eurogruppe einen Haushaltsentwurf.

3. Haushaltsvorschlag und Haushaltsentwurf enthalten eine Abschätzung der Einnahmen und eine Abschätzung der Ausgaben.

4. Die Eurogruppe legt der Versammlung ihren Haushaltsentwurf spätestens am 1. September des dem be-

treffenden Haushaltsjahr vorangehenden Jahres vor. Falls die Parlamentarische Versammlung der Eurozone innerhalb von vierzig Tagen

a) den Haushaltsentwurf billigt, ist er verabschiedet;

b) nicht darüber entschieden hat, legt die Eurogruppe einen neuen Haushaltsentwurf vor;

c) mit der Mehrheit ihrer Mitglieder Abänderungsvorschläge beschließt, geht der solcherart abgeänderte Entwurf an die Eurogruppe zurück. Der Präsident/die Präsidentin der Versammlung beruft unverzüglich und in Abstimmung mit dem Präsidenten/der Präsidentin der Eurogruppe den Vermittlungsausschuss ein. Der Vermittlungsausschuss tritt jedoch nicht zusammen, falls die Eurogruppe der Versammlung innerhalb von zehn Tagen nach Erhalt des veränderten Entwurfs mitteilt, dass sie sämtliche Veränderungen billigt.

5. Der Vermittlungsausschuss, der aus Mitgliedern der Eurogruppe oder ihren Vertretern und ebenso vielen Vertretern der Versammlung besteht, hat die Aufgabe, sich auf der Basis der Positionen der Versammlung und der Eurogruppe auf einen gemeinsamen Text zu einigen.

6. a) Falls der Vermittlungsausschuss sich innerhalb von einundzwanzig Tagen auf einen gemeinsamen Entwurf einigt, haben Versammlung und Eurozone, gerechnet ab dem Tag dieser Einigung, jeweils vierzehn Tage Zeit, um den gemeinsamen Entwurf zu billigen.

b) Falls der Vermittlungsausschuss sich innerhalb der im vorigen Absatz genannten einundzwanzig Tage nicht auf einen gemeinsamen Entwurf einigt, legt die Eurogruppe einen neuen Haushaltsentwurf vor.

7. Falls innerhalb der in Absatz 6a vorgesehenen Frist von vierzehn Tagen

a) die Versammlung und die Eurogruppe den gemeinsamen Entwurf billigen, gilt der Haushalt als endgültig angenommen;

b) die Versammlung den gemeinsamen Entwurf mit der Mehrheit ihrer Mitglieder verwirft, legt die Eurogruppe einen neuen Haushaltsentwurf vor, der die Positionen der Versammlung berücksichtigt;

c) die Eurogruppe den gemeinsamen Entwurf zurückweist, bittet der Präsident/die Präsidentin der Eurogruppe die Versammlung, endgültig mit der Mehrheit ihrer Mitglieder zu beschließen.

Artikel 15 sieht für die Verabschiedung des Haushalts ein besonderes Gesetzgebungsverfahren vor. Das Grundprinzip lautet, dass Versammlung und Eurogruppe den Haushalt gemeinsam beschließen.

Doch der DemV enthält eine kleine Besonderheit. Die Vorbereitung von Finanzgesetzen ist eine komplexe technische Angelegenheit, mit der die Parlamente sich vor allem angesichts der dazu erforderlichen Expertise schwerer zu tun scheinen als die Exekutive. Das ist einer der Gründe, warum die Parlamente der modernen Demokratien kaum noch in der Lage sind, die Leitlinien der Haushalts- und Wirtschaftspolitik zu bestimmen, obwohl doch das Haushaltsrecht geschichtlich ihre *raison d'être* darstellte. Der DemV sieht deshalb vor, dass der erste Text, der das Haushaltsverfahren in Gang setzt – ähnlich wie bei der Rahmenvorgabe im nationalen französischen Haushaltsverfahren –, von der Versammlung ausgeht. Anders gesagt, dieser Text kann ein Grundgerüst bilden, das es der Versammlung ermöglicht, ihre politischen Prioritäten zu setzen. Auf der Grundlage dieses Haushaltsvorschlags beschließt dann die Eurogruppe den Entwurf für den Haushalt der Eurozone.

Um endgültig in Kraft zu treten, muss dieser Haushaltsentwurf von beiden Institutionen in identischen Fassungen gebilligt werden. Auch hier ist bei Bedarf ein Vermittlungsverfahren zwischen Versammlung und Eurogruppe vorgesehen, wobei jedoch das letzte Wort der Versammlung vorbehalten bleibt.

Artikel 16. Einnahmequellen der Eurozone

1. Die Eurozone stattet sich mit den zur Verfolgung ihrer Ziele und zur Durchführung ihrer Politik erforderlichen Mitteln aus.

2. Der Haushalt wird unbeschadet anderer Einnahmen vollständig aus eigenen Einnahmequellen finanziert.

3. Die eigenen Einnahmequellen der Eurozone sind die in Artikel 12 genannten.

Artikel 17. Ernennungen

Die Versammlung stimmt nach deren Anhörung über die Kandidaten/Kandidatinnen für das Direktorium der Europäischen Zentralbank, den Vorsitz in der Eurogruppe und das Amt des Geschäftsführenden Direktors des Europäischen Stabilitätsmechanismus ab.

————————————

Als letztes Zeichen ihrer realen Macht ist die Parlamentarische Versammlung der Eurozone auch daran beteiligt, die Spitzenämter der wichtigsten institutionellen Akteure der Eurozone zu besetzen: der Europäischen Zentralbank, den Vorsitz im Rat der Minister (Eurogruppe) und die Leitung des ESM. Sie hört die Kandidaten/Kandidatinnen für diese Positionen an und stimmt über sie ab.

————————————

Kapitel IV
Übereinstimmung mit und Verhältnis zum Recht der Europäischen Union

Artikel 18

Dieser Vertrag wird von den Vertragsparteien bei der Verabschiedung abgeleiteter Rechtsakte in Übereinstimmung mit den Europäischen Verträgen, insbesondere Artikel 4.3 des Vertrags über die Europäische Union, und mit dem Recht der Europäischen Union einschließlich des Verfahrensrechts angewendet und interpretiert.

Der DemV soll das Recht der Europäischen Union weder umgehen noch in Frage stellen; er dient einem anderen Zweck: Er demokratisiert die Steuerung der Eurozone. Er soll das europäische Projekt nicht erschweren, sondern in Übereinstimmung mit dem Grundsatz loyaler Zusammenarbeit, dem sämtliche Akteure der EU (Einzelstaaten und Union) verpflichtet sind, und in Übereinstimmung mit dem Recht der Europäischen Union angewendet und interpretiert werden.

Kapitel V
Allgemeine und abschließende Bestimmungen

Artikel 19

Dieser Vertrag wird von den Vertragsparteien in Übereinstimmung mit deren jeweiligen verfassungsmäßigen Regelungen ratifiziert.

Artikel 20

Dieser Vertrag tritt am ... in Kraft, sofern die Hälfte der Staaten, deren Währung am Tag der Unterzeichnung dieses Vertrags der Euro ist und die zusammen 70% der Gesamtbevölkerung repräsentieren, ihre Ratifizierungsurkunde hinterlegt hat, oder an jedem früheren Datum, an dem dies erfüllt ist.

Auch wenn eine gemeinsame Ratifizierung durch die neunzehn Mitgliedsstaaten der Eurozone ideal wäre, sollte der DemV doch möglichst rasch in Kraft treten, damit in der Eurozone möglichst bald das unverzichtbare demokratische Gegengewicht entsteht. Da die

Vertretung der europäischen Völker den Kern seiner Daseinsberechtigung ausmacht, erweitert der DemV die klassische Klausel, wonach der Vertrag in Kraft trifft, sobald eine bestimmte Zahl von Staaten ihn ratifiziert hat (in diesem Fall die Hälfte, d.h. zehn Staaten), um eine Klausel, die verlangt, dass diese Staaten mindestens 70% der Gesamtbevölkerung der Eurozone repräsentieren müssen.

Artikel 21

Sobald dieser Vertrag in Kraft getreten ist, ist er von den Vertragsparteien anzuwenden, deren Währung der Euro ist und die ihn ratifiziert haben.

Artikel 22

Fünf Jahre nach Inkrafttreten dieses Vertrags werden auf der Grundlage einer Beurteilung der damit gemachten Erfahrungen in Übereinstimmung mit dem Vertrag über die Europäische Union und dem Vertrag über die Arbeitsweise der Europäischen Union die Maßnahmen ergriffen, die erforderlich sind, um den Inhalt dieses Vertrags in den rechtlichen Rahmen der Europäischen Union zu integrieren.

Geschehen zu Brüssel am … in deutscher, englischer, estnischer, finnischer, französischer, griechischer, irischer, italienischer, maltesischer, niederländischer, portugiesischer, schwedischer, slowakischer, slowenischer und spanischer Sprache, wobei jeder Wortlaut gleichermaßen verbindlich ist, in einer Urschrift, die in den Archiven des Verwahrers hinterlegt wird; dieser übermittelt den Vertragsparteien je eine beglaubigte Abschrift.

Für die Mitgliedsstaaten des Euro-Währungsgebiets,

Glossar

Eurogipfel: Der Eurogipfel ist das höchste Entschei-
dungsgremium der Eurozone. Der Gipfel wurde 2008
auf Anregung Angela Merkels und Nicholas Sarkozys
geschaffen, um der Wirtschafts- und Finanzkrise in der
Eurozone entgegenzutreten, und besteht aus den Staats-
und Regierungschefs der Länder, die den Euro einge-
führt haben, sowie dem Präsidenten der Europäischen
Kommission. Unter Berücksichtigung der Verträge bestimmt der Gipfel über die strategische Ausrichtung,
die ein «gutes Funktionieren» der Eurozone gewährleisten soll. Die Eurogipfel finden mindestens zweimal
im Jahr auf Einladung ihres Präsidenten in Brüssel statt,
aber aufgrund der Eurokrise wurden auch zahlreiche
außerordentliche Gipfel abgehalten. Bei diesen Treffen
werden einstimmig angenommene Erklärungen erarbei-
tet, in denen die gemeinsamen Positionen und Hand-
lungslinien dargelegt werden.

Eurogruppe: Die Eurogruppe ist ein informelles Gremium, in dem die Minister der Eurozone «über Fragen

betreffend den Euro beraten, die in ihre gemeinsame Verantwortung fallen», darunter solche der Haushalts-, Geld- und Strukturpolitik. Dort bereitet man Entscheidungen des Rats der Wirtschafts- und Finanzminister der Gesamtunion vor und bespricht die Modalitäten der Finanzhilfen des Europäischen Stabilitätsmechanismus an Länder der Eurozone, die in großen finanziellen Schwierigkeiten stecken. Bislang beteiligen sich an den Treffen der Eurogruppe in der Regel die Finanzminister der Eurozone, der (für zweieinhalb Jahre von den Mitgliedern des Gremiums gewählte) Vorsitzende der Eurogruppe, der für die Wirtschafts- und Geldpolitik sowie den Euro zuständige Vizepräsident der Europäischen Kommission und der Präsident der Europäischen Zentralbank.

Europäischer Stabilitätsmechanismus (ESM): eine internationale, 2012 allein von den Mitgliedsstaaten der Eurozone gegründete Finanzinstitution zur Rettung von Mitgliedsstaaten, die in Zahlungsschwierigkeiten geraten. An seiner Spitze steht ein Gouverneursrat, dem die Finanzminister der Mitgliedsstaaten angehören. Den Vorsitz des Gouverneursrats hat der Vorsitzende der Eurogruppe inne. Mit einer effektiven Kreditvergabekapazität von 500 Mrd. Euro und einem Stammkapital von 702 Mrd. Euro gewährt der ESM Finanzhilfen. Zunächst unterzeichnen der ESM und der Empfänger der Finanzhilfe eine Absichtserklärung, auch «Memorandum» genannt, in der eine Reihe makroökonomischer Maßnahmen zur Stabilisierung der Staatsfinanzen des betreffenden Staates vereinbart werden.

Europäisches Semester: Das «Europäische Semester», so genannt, weil es sich im Wesentlichen über die ersten sechs Monate jedes Jahres erstreckt, ist ein Zyklus, in dessen Rahmen die Mitglieder der Europäischen Union unter Führung der Europäischen Kommission und des Rats der Europäischen Union ihre Wirtschafts- und Fiskalpolitik aufeinander abstimmen. Diese wirtschaftspolitische Koordinierung bezieht sich auf drei Hauptbereiche: Strukturreformen; eine Fiskalpolitik, die für die Stabilität der Staatsfinanzen nach den Vorgaben des Stabilitäts- und Wachstumspakts sorgt; und die Verhinderung übermäßiger makroökonomischer Ungleichgewichte.

Europäische Verträge: Die aus 28 Mitgliedsstaaten bestehende Europäische Union basiert auf zwei Verträgen, die im Laufe der Zeit ständig weiterentwickelt wurden:
– dem Vertrag über die Arbeitsweise der Europäischen Union (AEUV), der auf den 1957 in Rom abgeschlossenen Vertrag zur Gründung der Europäischen Wirtschaftsgemeinschaft zurückgeht, welcher seinerseits mehrfach verändert wurde durch die Einheitliche Europäische Akte (1986) sowie die Verträge von

Maastricht (1992), Amsterdam (1997), Nizza (2001) und Lissabon (2007);

— dem Vertrag über die Europäische Union (EUV), der 1992 in Maastricht unterzeichnet und später durch die Verträge von Amsterdam (1997), Nizza (2001) und Lissabon (2007) modifiziert wurde.

Sixpack und Twopack: zwei europäische Gesetzgebungspakete, die zwischen 2011 und 2013 verabschiedet wurden. Gemeinsam mit dem 2012 beschlossenen Europäischen Fiskalpakt (SKSV) bilden sie einen strengeren Mechanismus zur Überwachung der einzelstaatlichen Wirtschafts- und Haushaltspolitik mit dem Ziel, die Einhaltung der Regeln des Stabilitäts- und Wachstumspakts (1997) und der «Maastricht-Kriterien» besser zu gewährleisten. Sie bündeln sämtliche Verfahren zur Koordinierung der Wirtschafts- und Haushaltspolitik unter der Führung der Ratspräsidentschaft und erlauben die Einleitung eines «Defizitverfahrens» gegen Mitgliedsstaaten, falls deren Verschuldung 60 % des BIP übersteigt oder sie sich nicht ausreichend um eine Senkung der Verschuldung bemühen. Für Mitgliedsstaaten der Eurozone sehen sie progressive finanzielle Sanktionen vor, die bis zu 0,5 % des BIP betragen können und automatisch einsetzen, sofern der Rat sie nicht mit qualifizierter Mehrheit aussetzt.

Stabilitäts- und Wachstumspakt: eine 1997 verabschiedete Sammlung von Regeln zur Koordinierung der verschiedenen nationalen Haushaltspolitiken, die «gesunde öffentliche Finanzen» sicherstellen sollen. Der Pakt hat präventive Bedeutung, insofern er für jeden Mitgliedsstaat die Erreichung eines mittelfristigen Haushaltsziels vorgibt. Und er besitzt ein Korrekturelement, das darüber wachen soll, dass die EU-Staaten Maßnahmen ergreifen, falls ihr nationales Haushaltsdefizit oder ihre Verschuldung die Referenzwerte der (im gleichnamigen Vertrag 1992 festgeschriebenen) «Maastricht-Kriterien» überschreiten, nämlich ein Haushaltsdefizit von 3 % und eine Staatsverschuldung von 60 % des BIP.

Vertrag über Stabilität, Koordinierung und Steuerung in der Wirtschafts- und Währungsunion (SKSV): Der Vertrag, auch «Europäischer Fiskalpakt» genannt, wurde 2012 abgeschlossen, um die Mitgliedsstaaten der Eurozone (und andere dazu bereite Mitgliedsstaaten der EU) durch die Übernahme des Grundsatzes eines ausgeglichenen Haushalts in ihr nationales Recht zu einer einheitlichen Haushaltsdisziplin zu verpflichten. Er vervollständigte ein ganzes Arsenal bereits bestehender haushaltspolitischer Regeln, die von den «Maastricht-Kriterien» (1992) über den Stabilitäts- und Wachstumspakt (1997) bis hin zu den als «Sixpack» und «Twopack» bezeichneten Gesetzespaketen reichten.

Wirtschafts- und Finanzausschuss (WFA): das zweifellos mächtigste Verwaltungsorgan des Rats der Europäischen Union. Als beratendes Organ, das der Koordinierung der Wirtschafts- und Finanzpolitik der Mitgliedsstaaten dienen soll, spielt der Ausschuss eine wesentliche Rolle bei der Vorbereitung der Arbeit des Rats der Wirtschafts- und Finanzminister (auch Ecofin-Rat genannt). Er besteht aus hohen Beamten der Mitgliedsstaaten (meist aus dem Bereich der Finanzministerien) und Vertretern der nationalen Zentralbanken, der Europäischen Zentralbank und der Kommission. Der WFA tagt regelmäßig auch in einer Zusammensetzung, die sich auf Fragen der Eurozone und daher auf die Mitgliedsländer der Eurozone, die Kommission und die Europäische Zentralbank beschränkt. In dieser Zusammensetzung bereitet der Ausschuss die Arbeit der Eurogruppe vor.

Abkürzungen

AEUV	Vertrag über die Arbeitsweise der Europäischen Union
DemV	Vertrag zur Demokratisierung der Steuerung der Eurozone (Demokratisierungsvertrag)
ESM	Europäischer Stabilitätsmechanismus
EuGH	Europäischer Gerichtshof
EUV	Vertrag über die Europäische Union
EZB	Europäische Zentralbank
LR	Les Républicains, Die Republikaner (Frankreich)
M5S	MoVimento 5 Stelle, 5-Sterne-Bewegung (Italien)
PS	Parti Socialiste, Sozialistische Partei (Frankreich)
PSOE	Partido Socialista Obrero Español, Spanische Sozialistische Arbeiterpartei
PD	Partito Democratico, Demokratische Partei (Italien)
PP	Partido Popular, Volkspartei (Spanien)
SKSV	Vertrag über Stabilität, Koordinierung und Steuerung in der Wirtschafts- und Währungsunion (Europäischer Fiskalpakt)
WFA	Wirtschafts- und Finanzausschuss des Rats der Europäischen Union

Aus dem Verlagsprogramm

Thomas Piketty bei C.H.Beck

Thomas Piketty
Das Kapital im 21. Jahrhundert
Aus dem Französischen
von Ilse Utz und Stefan Lorenzer
8. Auflage. 2016. 816 Seiten mit 97 Grafiken
und 18 Tabellen. Gebunden

.

Thomas Piketty
Ökonomie der Ungleichheit
Eine Einführung
Aus dem Französischen übersetzt
von Stefan Lorenzer
2. Auflage. 2016. 144 Seiten mit 9 Tabellen
und 2 Grafiken. Broschiert
C.H.Beck Wissen in der Beck'schen Reihe Band 2864

Thomas Piketty
Die Schlacht um den Euro
Interventionen
Aus dem Französischen übersetzt
von Stefan Lorenzer
2015. 175 Seiten. Klappenbroschur
Beck Paperback Band 6188

Verlag C.H.Beck München

Soziale Ungleichheit bei C.H.Beck

Hans-Ulrich Wehler
Die neue Umverteilung
Soziale Ungleichheit in Deutschland
4. Auflage. 2013. 192 Seiten. Klappenbroschur
Beck'sche Reihe Band 6096

Georg Cremer
Armut in Deutschland
Wer ist arm? Was läuft schief? Wie können wir handeln?
2., durchgesehene Auflage. 2016. 271 Seiten
mit 7 Schaubildern. Klappenbroschur
Beck Paperback Band 6244

Andrew Sayer
Warum wir uns die Reichen
nicht leisten können
Aus dem Englischen von Stefan Lorenzer
2017. 512 Seiten mit 15 Abbildungen. Gebunden

Philipp Lepenies
Armut
Ursachen, Formen, Auswege
2017. 128 Seiten. Broschiert
C.H.Beck Wissen in der Beck'schen Reihe Band 2862

Verlag C.H.Beck München